# 건반 위의 철학자

Le toucher des philosophes
copyright ⓒ Edition Gallimard 2008
All rights reserved.

Korean translation copyright ⓒ 2018 by Delta time
published by arrangement with Editions Gallimard,
through BC agency, seoul.

이 책의 한국어판 저작권은 BC에이전시를 통한
저작권자와의 독점 계약으로 시간의 흐름에 있습니다.
저작권법에 의해 한국 내에서 보호를 받는 저작물이므로
무단 전재와 복제를 금합니다.

# 건반 위의 철학자

: 사르트르, 니체, 바르트 :

프랑수아 누델만

이미연 옮김

시간의흐름。

일러두기
- 단행본은 『 』, 문학 작품과 신문·잡지는 「 」, 곡명은 〈 〉, 곡집은 《 》로 표시했다.
- 인명과 지명을 비롯한 고유명사의 외래어 표기는 국립국어원 외래어표기법에 따랐으며, 관례로 굳어진 것은 예외로 두었다.
- 본문의 각주는 모두 옮긴이가 달았다.

## 차 례

*I   Prologue*
직관
[ 7 ]

---

*II   Jean-Paul Sartre*
오프비트 피아노
[ 15 ]

---

*III   Friedrich Nietzsche*
나는 왜 이렇게 훌륭한 피아니스트인지
[ 71 ]

---

*IV   Roland Barthes*
피아노가 나를 어루만진다
[ 127 ]

---

*V   Epilogue*
울림
[ 195 ]

# Prologue

*I*

직관

이 책을 쓰기로 마음먹은 것은 장 폴 사르트르의 피아노 연주 영상을 본 다음이다. 영상은 1967년에 촬영된 것으로, 사르트르가 여러 국제정치적 이슈 전면에 나서서 왕성하게 활동하던 시기였다. 혁명전투를 지원하기 위해 전 세계를 돌아다니는 한편, 카스트로와 티토, 흐루쇼프, 나세르 같은 인물들과 좌담회를 갖곤 했다. 1945년, 선동선언의 일원이 된 그는 드골의 심기를 불편하게 하는 존재가 되었다. 알제리 식민지배를 지지하는 세력에게 살해 위협을 받았고, 러셀 법정에서의 발언—베트남 전쟁 당시 미국이 저지른 범죄에 가했던 비판—으로 미국의 감시 아래 놓이게 되었다.

이런 격동의 시간 속에서도 사르트르는 늘 그래왔듯 따로 시간을 내어 피아노 앞에 앉았다. 〈인터내셔널가〉[1]가 아

---

1 L'internationale ☛ 사회주의 전통을 상징하는 노래로, 노동자 해방과 사회적 평등을 담고 있다. 원곡은 프랑스어이지만 전 세계로 퍼져 나가 여러 언어로 번역되었으며 언어별로 다양한 가사가 존재한다.

닌 쇼팽과 드뷔시를 연주하기 위해서였다. 나는 그의 이런 모습에 적잖이 놀랐다. 오랜 세월 사르트르의 저서와 사상을 연구해왔지만 이토록 색다르고 낯선 모습은 처음이었기 때문이다.

자신만의 곡 해석과 악기를 대하는 태도로, 건반은 어떻게 누르고 몸은 어떻게 써야 할지에 대한 고민으로, 사르트르는 피아노 앞에서 자신을 표현했다. 음악 애호가이자 피아니스트였던 사르트르. 철학자로만 알았던 그에게 이런 모습도 있다는 게 놀랄 일은 아니다. 이미 『말』에서 자신의 음악 취향을 드러낸 적이 있기 때문이다. 내가 놀랐던 것은 그의 피아노 연주가 들려주는 생경한 리듬이었다. 그 리듬은 우리가 사르트르의 대중 강연이나 참여문학적 글쓰기에서 익히 접하던 것과는 확연히 달랐다.

그렇다고 해서 영상 속의 사르트르에게 비르투오소적인 피아니스트의 모습은 기대하지 않는 편이 좋을 것이다. 어린 시절부터 말년에 시력을 잃기 직전까지 피아노 연습을 멈추지 않았던, 이 만족을 모르는 아마추어가 놀랍도록 어설프게 연주하며 카메라를 의식하는 모습에 웃음만 나올 테니⋯⋯. 만약 그가 바흐나 슈만까지 훌륭히 연주할 줄 알았더라면, 이 '곁다리' 취미 활동은 고급문화의 모든 영역을 두루 섭렵하고자 했던 전방위적인 인간 사르트르에 대해 어떠한 시사점을 주었을지 모른다.

사르트르는 악보를 주의 깊게 읽지 않는다. 음표 하나하나 공들여 치지도 않는다. 음표들을 은근슬쩍 건너뛰기도 하고, 뻣뻣한 자세로 수줍은 듯 연주한다. 아니, 연주하지 않음으로써 연주한다는 표현이 맞을 것이다. 이런 연주 스타일은 그가 말했던 실존주의적 삶의 방식 자체이며, 시간성과 육체성을 여실히 드러내는 것이다. 영상에서 사르트르는 수양딸 아를레트 엘카임과 함께 있다. 사생활을 과시하는 데 거리낌이 없던 그는 둘 사이의 친밀한 순간에 카메라를 틈입시킴으로써 우리의 관음증적 상상력을 부추긴다. 하지만 이 영상의 진정한 가치는 온갖 상상을 불러일으키는 연출된 그의 사생활이 아니라, 그 안에 담긴 지속과 리듬의 독특한 경험에 있다.

작곡을 하거나 악기를 연주할 때, 우리 몸은 복잡한 방식과 시간성으로 개입한다. 열정적인 아마추어 피아니스트였던 바르트는 자신의 경험을 토대로 우리 신체가 음악에 참여하는 현상에 세련되게 접근했다. 그는 한 가지 특이한 점을 발견했는데, 그것은 연주자가 자신의 악기와 관계를 맺을 때 사회적으로 통용되는 기호 체계와는 판이하게 다른 양상을 띤다는 점이다. '어떤 악기를 선택할 것인가'는 중요한 문제다(피아노는 부르주아지의 살롱 취향과 연결돼 있다는 점에서 아코디언과 다르다). 하지만 음악 연주의 사회학에 있어 핵심은 템포와 박동, 내밀하고도 무의식적인 터치를 매개로 악기와 연주자 사이에 생성되는 모종의 관계다.

루소와 아도르노, 장켈레비치 같은 철학자들은 음악 애호가인 동시에 연주자였기에 보면대 앞에서의 음악적 경험을 서재로 불러들여 깊이 있는 이야기를 할 수 있었다. 이들은 통합된 하나의 시간을 살았고, 철학과 음악은 조화로운 관계를 유지했다.

하지만 사르트르는 그렇지 않았다. 음악에 관한 저술은 거의 전무했으며, 피아노로 감미로운 멜로디를 연주하는 순간을 지적 담론과 철저히 분리시켰다. 사르트르에 대해 이야기하면서 멜로디를 말하는 것이 이상하게 들릴지도 모른다. 악보를 보기 좋게 정돈된 사회적 규범이라고 한다면, 사르트르는 그것을 뒤엎는 데 누구보다 열심이었던 인물이 아니었던가? 그러나 그가 진실로 노래하고 싶어 했던 것은 바로 멜로디였다.

공식 석상에서 드러내는 음악 취향과 혼자 있을 때 좋아하는 음악이 항상 일치하지는 않는다. 바그너 음악의 현대성에 관해 썼던 니체는 쇼팽의 마주르카를 들으며 울먹였고, 사르트르는 크세나키스와 슈톡하우젠에 관한 글을 썼지만 쇼팽을 열렬히 사랑했다. 그리고 바르트가 가장 아꼈던 작곡가는 다름 아닌 슈만이었다. 이 세 명은 당대의 가장 현대적인 음악을 논했지만 정작 이들이 사랑했던 음악은 피아노가 악기로서 전성기를 누렸던 낭만주의 시대의 음악이었다. 일부 성미 급한 비평가들은 음악 취향에 대해 이들이 보인 모순된 태도가 자신들의 모던하지 못한 음악 취향을 대중 앞에 노골적으로 드러내는 것이 부담스러웠기 때문이라고 해석한다. 하지만 이 부조화는 단순히 겉으로 드러난 모순보다 훨씬 많은 것을 말해준다. 그 안에는 어떤 비밀스러운 것, 이들이 타협하고 있거나 유예시키고 있는 무언가가 담겨 있다. 그것은 이 세 철학자는 물론 우리 자신의 또 다른 얼굴일 것이다.

자아는 내면의 불협화음과 리듬을 감추는 하나의 구조물이고 우리는 우리 자신과 끊임없이 타협하며 산다. 악기를 연주하는 것은 자신을 표현하는 것을 넘어서, 우리를 자발적인 수동성과 색다른 시간의 경험으로 이끈다. 사르트르와 니체, 바르트를 대상으로 삼은 것은 시간성의 창문이자 자아의 해방 그리고 창작의 주체에 관한 나의 관심사에서 비롯한 것이다.

개인을 사회의 집단적인 리듬으로부터 해방시키는 길이 피아노에만 있지는 않을 것이다. 그렇다고 피아노를 한낱 취미나 장기 정도로 치부하는 것은 부당하다. 나는 오랜 세월 피아노와 함께한 사람으로서 피아노가 이 세계, 그리고 현대사회에서 독특한 위치를 점한다고 믿는다. 이러한 믿음을 확인하기 위해 나는 세 철학자의 음악적 행보 가운데 이들 자신의 저작 활동과 상충되는 지점에 주목했다. 이는 우리를 한 발짝 비켜서서 이들의 음악과 철학 사이에 벌어진 틈을 관찰할 수 있게 해줄 것이다. 그리고 비로소 우리의 의지와 신체가 터치, 템포의 속박에서 풀려나 연주한다는 것의 진정한 의미를 밝혀줄 것이다.

이 세 철학자 사이의 연결고리를 이들 삶에서 보이는 유사점들로 한정해서는 안 된다. 그보다 우리는 이들의 철학적 담론 너머에 있는 공통분모를 찾아내야 한다. 니체는 철학과 존재를 평가하는 데 소리굽쇠의 기준음을 사용하자고 제안했다. 그는 소리굽쇠로 기존 철학의 거대한 형이상학을 때려 울림으로써 그것이 요란하기만 한 빈 수레인지, 아니면 가녀리고 섬세한 목소리인지 알아보려 했다. 나는 이처럼 소소한 발견을 통해 세 명의 철학자가 서로 어떻게 다른지 알아보고 역사 속에서 이들의 사상과 삶이 만나는 지점을 관찰하려고 한다.

사르트르-니체-바르트, 이 철학자 트리오는 피아노를 치는 동안 현실과는 동떨어진 리듬의 세계로 진입했고, 그 안에서 시간과 주이상스, 의지와 우정에 관한 독특한 사유방식을 창조해냈다. 그러므로 피아노 건반 위에서 이들이 했던 작업은 머릿속 어딘가에서 실체 없이 떠돌던 철학적 아이디어에 윤곽선을 그리는 일이었다.

# Jean-Paul Sartre

## II

오프비트
피아노

사르트르는 음악에 관심 있었을까? 이에 답하기 위해서는 실물주의 회화와 키네틱 조각, 포토 저널리즘, 대중 영화, 아프리카 시(詩), 미국 소설을 아우르는 사르트르의 연구를 따라가는 것으로 시작해야 할 것이다. 그는 거의 백과사전을 방불케 하는 방대한 저작을 남겼는데, 그 어떤 분야도 새로운 것이라면 제 것으로 만들어야 직성이 풀리는 사르트르의 지적 욕구를 피하지는 못했다. 전공 분야를 넘어선 모든 분야에 대해 논평할 수 있는 종합적 지식인을 추구했던 데는 무엇으로도 채워지지 않는 호기심이 자리한다.

예술을 논하기 위해서는 예술가가 될 필요도, 역사가가 될 필요도 없다. 무릇 지식인이란 자신과 관련 없는 분야에 몰두하는 족속들이기 때문이다. 지식인에 대한 이러한 정의는 자신의 과학적 발견이 군사적으로 어떻게 사용될지 걱정하는 물리학자에게도 적용되지만 모든 관심 분야에 대해 이러쿵저러쿵 말하기 좋아하는 비전문가에게도 적용된다.

지식인의 사회학으로 보면 이러한 담론의 확장은 상징 권력의 확대로 이어진다. 철학자와 예술가 사이의 연대는 각자의 영역에서 정당성을 확보하게 하고 활동 반경을 넓힌다. 초기 아방가르드 예술가들이 브르통과 같은 지식인 주변에 모여들고, 마송과 자코메티, 칼더, 볼스, 르베롤 같은 조형 예술가들이 사르트르 곁을 맴돌았던 것은 이런 이유에서였다. 하지만 음악가들이 이 연대에 합류하는 것은 상대적으로 쉽지 않아 보였다.

사르트르는 작곡가 겸 지휘자인 르네 레보비츠 덕분에 12음기법[2]의 창시자 쇤베르크를 접하고 음렬주의[3] 미학에 관심을 갖게 됐다. 12음기법은 이미 제2차 세계대전 이후 널리 알려져 있었지만 그가 동시대 논쟁의 중심에 있던 슈톡하우젠이나 크세나키스, 불레즈, 베리오 같은 현대 작곡가에 대해 쓴 것은 1970년대가 다 되어서였다. 사르트르는 동시대 음악에 관한 글을 쓰고 나서야 비로소 지성계에서 권위 있는 학자로 인정받기 위해 필수로 인용해야 하는 이름이 되었다.

사르트르는 한때 모리스 블랑쇼와 나탈리 사로트, 장 주네, 프랑시스 퐁주와 같은 작가들을 지지했는데, 그때는 아직 이들이 명성을 얻기 전이었다. 이제 그는 소리의 생리학과 전기 음향학, 수학적 형식주의와 불확정성의 음악에 대해 말할 수 있게 되었다. 그는 작곡가들을 논하고 구분했으며 동시대의 아방가르드 사조에 개입하기 시작했다. 특히 이 시기에 그는 자신의 입지를 방어했어야 됐는데, 푸코의 시대를 열고자 했던 구조주의자들과 누보로망 작가들이 사르트르를 '19세기 철학자'로 규정하고 한물간 사람 취급하려는 움직임이 있었기 때문이다.

1978년에 미셸 시카르와 장 이브 보쇠르는 사르트르에게 현대음악 음반 몇 장을 듣도록 권했다. 이 인터뷰는 사르트르가 음악에 대한 철학적이고 음악학적인 사유를 정리하는 계기가 되었고, 예술의 모든 분야를 섭렵한 지식인으로 거듭나게 했다. 루소와 니체, 비트겐슈타인, 아도르노, 장켈레비치는 예외였지만 모든 철학자가 악보를 읽을 줄 아는 것은 아니었다. 사르트르는 어린 시절부터 줄곧 피아노를 쳐왔기 때문에 다른 지식인들보다 음악적 소양 면에서 앞섰을 것이다. 악보를 읽고 연주하는 것은 물론 남들 앞에서 작은 피아노 연주회를 열어 솜씨를 뽐낼 정도는 되었다. 그뿐만 아니라 슈톡하우젠의 성글게 짜여진 곡에서 의미를 읽어내고, 메시앙 작품에 감춰진 비밀을 밝혀낼 수 있었다.

그러나 그가 평소에 슈톡하우젠과 메시앙의 작품을 연주하며 시간을 보냈으리라는 상상은 크나큰 오산이다. 그는 혼자 있을 때 아방가르드 곡보다는 쇼팽을 더 즐겨 연주했다. 혹자는 사르트르가 여느 아마추어 연주자가 다 그렇듯 어

---

2  무조음악을 만들어내는 작곡기법. 조성음악에 존재했던 으뜸음을 인정하지 않고, 한 옥타브 안의 12개 음에 모두 동등한 자격을 부여한 뒤 일정한 산술적 규칙에 따라 음렬을 만들고 이를 바탕으로 악곡을 구성한다.

3  쇤베르크가 음고(音高)만으로 음렬을 만들었다면, 음렬주의 작곡가들은 음고·셈여림·음색·리듬 같은 다양한 음악적 요소에 산술적 규칙을 적용해 음렬을 만들어 곡을 썼다. 음렬주의 음악은 우연성 음악의 발달에 영향을 주었으며, 대표적인 음렬주의 작곡가로는 카를하인츠 슈톡하우젠, 피에르 불레즈, 장 바라크, 마리오 다비도프스키가 있다.

린 시절에 익힌 레퍼토리를 우려먹는다고 생각하겠지만 사실은 그렇지 않다. 그는 웬만한 아방가르드 작곡가보다 쇼팽을 더 수월하게 연주했다. 부지런히, 또 꾸준히 쇼팽을 쳐왔던 것이다.

들라크루아와 몬드리안을 동시에 좋아하는 것이 가능한 것처럼 혹자는 낭만주의 음악과 무조음악을 동시에 좋아하는 것이 가능하다고 생각할 것이다. 반면 어떤 사람들은 "쇼팽은 르누아르 같은 거지. 인상주의 그림은 초콜릿 상자 장식에나 어울린다고! 쇼팽을 좋아할 거면 아예 구노나 비제도 좋아한다고 하시지?"라며 빈정댈 것이다. 그렇다, 곤란한 선례인 비제가 있다. 믿기 어렵지만 니체는 〈카르멘〉의 열렬한 지지자였다. 바그너를 찬양해 마지않던 니체가 비제를 옹호하다니……. 누구라도 망치를 든 철학자가 바그너를 도발하는 것으로 보지 않겠는가?

희가극을 즐겼던 사르트르의 경우, 상황은 더 심각해진다. 그가 청중을 놀래키고 싶을 때 즐겨 연주하던 곡은 〈툴레의 왕〉(*Roi de Thulé*)이었다. 오페라 〈파우스트〉를 편곡한 이 곡을 연주하며 사르트르는 목청껏 노래하곤 했다. 아방가르드 음악의 수학적 언어에 대해 설명하던 학자다운 모습은 어디서도 찾아볼 수 없었다. "위대한 곡조가 샤워실에서 들리거나 지하철에서 휘파람으로 불릴 때 문화는 죽는다"고 아도르노는 경고했다. 하지만 니체는 멜로디를 흥얼거리기 좋아했고 바그너의 음악은 불편한 조바꿈 때문에 휘파람으로 불기 어렵다고 불평했다. 그런데도 여전히 니체가 〈카르멘〉을 좋아한 것이 단지 바그너를 도발하기 위한 것이었을까?

사태는 더욱 복잡해지고 있고 우리의 이정표는 흔들리고 있다. 그렇다면 감상과 연주 사이, 공적 담론과 사적 유희 사이의 간극을 어떻게 봐야 할까? 사기인가 모순인가 부조화인가. 아니면 비밀스런 보수주의인가. 명쾌하게 답하기 어려운 물음이다. 이 물음을 좇다 보면 한 사람 안에 공존하고 있는 자아가 예상치 못한 리듬에 휩쓸려 혼란에 빠지게 된다. 바로 이 지점에서 우리는 연대기적이고 역사적이며 독립적인 시간의 여러 층위와 교차하면서 복잡한 결합이 진행되고 있는 자신을 발견할 수 있다.

이 논쟁은 단순히 취향의 문제가 아니다. 서로 다른 장르의 음악이 어떻게 공존할 수 있는지에 관한 문제 또한 아니다. 섣불리 답을 내리는 대신, 사르트르 같은 지식인이 소음으로 가득찬 현실 세계에서 한 걸음 뒤로 물러나 쇼팽을 연주할 때 그의 내면에서 어떤 일이 일어났을지 상상해보자. 추상적인 개념을 다루는 철학자는 과연 어떻게 음악 속에서 감정과 육체, 터치를 경험하는지. 그것들에 연루되어 길을 잃고 헤매는 자신을 어떻게 발견하는지…….

※

낭만주의 그리고 사르트르. 자아도취, 흐느낌, 이해받지 못한 자의 고독. 이런 낭만주의적 정서는 사르트르와 어울리지 않는다. 하지만 그가 쇼팽의 세계—영상과 소리, 감정, 낭만주의 음악가에 대한 이미지로 구성된 내면의 풍경—에 무관심으로 일관했던 것은 아니다. 게다가 그는 자신과 이질적인 인격에 스스로를 투사하지 않았던가?

사르트르에게 보들레르, 장 주네, 플로베르는 언제나 애증의 대상이었다. 어린 시절에는 마담 보바리의 무분별한 행동을 못마땅히 여겼지만 노년이 돼서는 천재적이지만 참을 수 없는 부르주아, 플로베르에 대해 수천 페이지에 달하는 글을 썼다. 어쩌면 그에게 쇼팽은 플로베르 같은 인물이었을지 모른다. 쇼팽을 연주하는 내내 유혹과 난처함을 동시에 느꼈을 것이다. 쇼팽에 관해 장황하게 쓸 필요는 없었다. 모든 것은 그의 손가락 끝을 말없이 스쳐 지나갔다.

사르트르가 쇼팽의 프렐류드를 연주할 때, 그는 스러져 가는 불빛 아래서 달콤한 우울의 옷을 두른 채 통제된 어지러움이 그의 몸을 가득 채우는 상상을 했다. 이 곡들에는 작곡 당시의 분위기가 묻어 있었고, 사르트르는 악보 하나하나에 담겨 있는 몽환적인 느낌을 잘 알고 있었다. 그는 자기 역할에 심취한 배우처럼 반쯤은 진지하게 반쯤은 장난치듯 프렐류드를 연주하며 놀았다.

쇼팽의 프렐류드는 그를 발데모사[4]로 데려간다. 결핵을 앓던 시절, 쇼팽은 요양을 위해 발데모사로 숨어 들어가 조르주 상드를 비밀리에 재회한다. 기운이 넘치는 상드가 날씨에 아랑곳 않고 섬을 탐험하러 밖에 나가 있는 동안 쇼팽은 별장에 틀어박혀 작곡에 몰두했다. 상드는 절벽에서 담배를 피우기도 하고 옹졸한 마요르카 사람들과 다투기도 했다. 때로는 사나운 바닷 바람을 맞으며 생각에 잠기기도 했을 것이다. 그

동안 쇼팽은 우수에 찬 음표들과 씨름하고 있었다. 그는 폴란드어로 저녁 무렵의 멜랑콜리를 일컫는 '잘'(zal)의 감정에 푹 잠겨 있었다. 쇼팽은 우울을 견디는 동시에 창작에 이용할 줄 알았다.

축축하고 눅눅한 어느 겨울날이었다. 금세라도 비를 뿌릴 것처럼 하늘은 낮고 안개의 물기는 뼛속까지 스며드는 이곳 기후에 대해 사르트르는 라로셸과 르아브르에서 들어 익히 알고 있었다. 이런 기후가 자아내는 숭고의 순간은 사르트르에게 기쁨을 주지 못했다. 가파른 비탈길이 주는 공포나 자연의 폭발적인 생장도 마찬가지였다. 시몬 드 보부아르가 그를 시골[5]로 데리고 갔을 때에도 산기슭에서 휴식을 취할 뿐이었다. 비버(보부아르의 애칭)가 주변을 서성일 때도 아랑곳하지 않고 무(無)에 관해 써내려갔다. 그 무엇도 뚫지 못할 단단한 바위 같은 사르트르였지만 이곳의 기후에는 당해낼 재간이 없었다.

위인전은 한 인물의 삶에서 절망적이고 암울했던 순간을 감추려는 경향이 있다. 그러나 음악 연주는 우리가 못 본 체하고 지냈던 어둠의 시간을 수면 위로 떠오르게 하고, 상처가 된 아픈 감정을 불러내 마주하게 한다. 쇼팽은 발데모사에서 프렐류드를 작곡하는 동안 소싯적 친구였던 티투스를 떠올렸다. 그와 따뜻한 형제애를 나눴던 어린 시절을 그리워했

---

4 Valldemossa ☛ 스페인 마요르카 섬 북서쪽 해안가에 위치한 마을.
5 '진정한 프랑스'(France profonde)라는 개념으로, 파리의 도시 중심적인 삶과 대비되는 프랑스 지방과 교외의 삶을 뜻한다.

다. 쇼팽의 목은 가래로 가득 찼고 폐는 응어리진 피로 막혔다. 낭만하고는 거리가 멀게 느껴지는 이야기지만 이것이야말로 영락없이 '낭만주의 작곡가' 하면 떠오르는 모습이다.

사르트르는 이런 쇼팽에 공감했다. 폐기종으로 인한 만성적 가래로 고생하기 한참 전부터 병적이며 우유부단한 심리적 상태에 끌렸던 그다. 열일곱 살 때는「병든 사람의 천사」(*L'Ange du morbide*)라는 단편소설을 쓰기도 했다. 소설 속 주인공으로 나오는 교수는 요양원의 세계에 매료된 경험을 이야기하는데, 사르트르는 도착증을 숨기기 위해 외모를 가꾸는 부르주아적 위선의 화신인 이 가증스러운 캐릭터에 스스로를 투영했다. 변태적인 주인공과 결핵을 앓는 여자 사이에 일어난 로맨스는 혐오와 매혹 사이 어딘가에 놓인다.

가래 섞인 기침을 좋아하는 교수는 심지어 결핵 환자를 좋아한다고 외치기도 했다. 자신의 캐릭터를 이토록 혐오스럽게 묘사한 사르트르의 의심쩍은 역설은 병적 상태에 대한 매혹을 내비친다. 교수가 결핵에 걸린 애인에게 키스를 시도하는 장면은 나병 환자와 입 맞추는 전통적인 모티프에서 가져온 것인데, 이 부분에서는 가래가 그릉그릉 차오르고 피 섞인 침을 뱉는 장면을 삽입했다. 감염될까 봐 겁에 질린 교수는 도망친다.

진정한 감염은 낭만주의에서 병적인 몽상을 차용해온 사르트르의 상상 속에서 일어나고 있다. 하지만 실존주의 문학의 징표라 할 만한 비루함에 대한 취향은 반부르주아지 리얼리즘이라는 이름 하에 이러한 낭만주의적 기질을 거둬들인다. 애초 사르트르가 바랐던 『구토』의 원제가 '멜랑콜리아'(Melancholia)였던 사실만 봐도 짐작할 수 있다. 우리는 사르트르의 산문 데뷔작에서 사악한 우울의 천사가 환멸스러운 세상의 환영을 주재했다는 것 또한 기억한다. 그러므로 사르트르가 쇼팽을 가깝게 느낀 것은 낭만주의 피아노의 측면만이 아니라 파멸하는 세계에 환멸을 느낀 고독한 인간으로서의 면모 때문으로도 볼 수 있다. 연주하든 비웃든 사르트르에게는 분명 낭만주의적 면모가 있었다. 작곡가의 피 묻은 손수건이라는 클리셰에서 알 수 있듯이 결핵이라는 소재를 다룰 때 사르트르의 상상력은 배가됐다.

이 단편소설의 공간적 배경은 알자스 지방이다. 알자스는 그의 어머니 성이었던 슈바이처 가문의 고향이다. 하지만 정작 사르트르가 감정적으로 더 가깝게 느낀 쪽은 페리고르 지방 출신이었던 아버지 쪽 가문이었다. 그중 안니 란느라고 하는, 열아홉 살 때 결핵으로 죽은 사촌 누이가 있었는데 사르트르는 그녀를 자신의 둘도 없는 친구 폴 니장에게 소개해주었다. 사르트르와 니장의 이름을 섞어 '니트르와 사르장'이라고 이름 붙인 이 듀오는 한동안 안니와 어울렸고, 사르트르는 『구토』에서 로캉탱의 애인 역에 그녀의 이름을 썼다. 사르트르와 보부아르 그리고 교체 가능한 제3의 여성으로 이루어진 이 트리오에 대해서는 꽤 잘 알려져 있다. 사람들은 두 사람이 공식적인 커플이었는지 변태적인 듀오였는지에 대해 이러쿵저러쿵 수군대곤 했다.

하지만 시대의 아이콘이었던 이 커플의 실존주의적 러

브 스토리에 가려 젊은 시절 사르트르가 니장과 나누었던 친밀함은 상대적으로 덜 알려졌다. 사르트르가 니장과의 우정에 결핵균을 도입한 것은 병에 걸린 육체와 병적 환희에 대한 매혹을 보여준다. 결핵은 육체적이고도 감정적인 전염을 통해 사랑을 표현하는 방식이다. 이는 실제로 사르트르가 앙리 4세 중등학교에 다니던 때 같은 반 친구였던 앙드레 베르코에 대해 경험한 욕망에서도 보여진다. 베르코는 사르트르와 마찬가지로 어려서 아버지를 잃었기에 그에게 형제 같은 존재였다.

『말』에서 사르트르는 "잘생기고 가냘프고 온화하며" "길고 새카만 머리를 잔 다르크 스타일로 빗질한" 베르코를 사랑했다고 털어놓는다. 베르코 역시 열여덟 살에 결핵으로 세상을 떠났다. 이 병은 예민한 영혼과 병약한 육체를 지닌 자들을 하나로 묶는, 일종의 징표가 된다. 은유적이고 시적인 차원에서 사르트르가 경험한 결핵에 대한 유혹은 결코 사라지지 않았다. 예를 들어 그가 땟국물이 흐른다고 말한 나폴리에는 부패가 땀처럼 흘러내리는 병든 골목길이 있었다. 베네치아도 마찬가지였다. 틴토레토가 살았던 베네치아든 그가 여름철 창문 너머로 본 베네치아든 물이 차오른 폐 같다고 표현했다. 사르트르는 자신이 사랑한 이탈리아의 명성을 깎아내리면서도 실타래처럼 얽힌 인간사의 혼돈과 숨쉬기 힘들 만큼 역겨운 공기를 한데 엮기 좋아했다.

사르트르의 독자들은 이 노련한 철학자가 피아노에 감정이입함으로써 결핵을 앓고 감상적인 음악에 빠져들었다는 사실을 납득하기 어려울 것이다. 우리는 『구토』에서 낭만주의 음악을 배경 삼아 술을 퍼마시고 갖은 위선을 떠는 부빌 지방의 부르주아들을 신랄하게 비판하던 로캉탱을 기억한다. 로캉탱은 고모 비주아가 남편을 잃은 뒤 쇼팽 프렐류드를 들으며 위로받는 모습을 이렇게 비꼬았다.

> 연주회장은 온통 역겨운 인간들로 차고 넘치는데 그들은 하나같이 눈을 지그시 감고 음악에 심취한 듯한 표정을 짓고 있어. 달콤하고 풍요로운 음악이 흘러들어와 자신의 고통이 젊은 베르테르의 슬픔처럼 음악이 된다고 생각하나 봐. 아름다움이 설마 자신들을 동정할 거라고 믿는 거야?
> 거지 같은 자들…….

로캉탱은 사르트르가 냉소적일 때의 모습과 닮았다. 사르트르는 냉정하고 명확하며 환상에서 깨어난 고독한 철학자다. 간사한 꾀에 넘어갈 정도로 무른 사람이 아니다. 하지만 그 이면에는 장난기 가득한 사르트르도 있는데 이 젊은 안티휴머니스트 작가는 피아노 앞에 앉아 자신만의 고독한 템포를 유지하며 몽상에 잠기곤 했다. 그는 삶과 사유, 결핍에 대해 쓰느라 빈 페이지를 끝도 없이 채워나갔다. 하지만 피아노를 치는 시간만큼은 집필 활동과 철저히 분리시켰다.

이것은 분명 어떤 비밀이나 감춰진 내면 이야기에서 기인했다기보다 분석과 언어화를 거부하는 음악의 독특한 시간성으로부터 오는 것이다. 바깥에 있으면서 바로 여기에 존재한다는 점. 피아노 연주는 이 점에서 다른 활동과 다르다. 그러면 이제 펜과 원고지에서 해방된 사르트르가 손가락을 어떻게 움직이는지 보고 들을 차례다.

※

사르트르는 들랑브르 거리에 있는 그의 은신처에서 〈녹턴 6번 *g*단조 *Op.15 No.3*〉을 연주하고 있다. 비에 젖은 지붕은 몽파르나스에 내려앉은 자욱한 안개에 가렸다. 그의 나이 62세. 니장과 파리 다리 위를 쾌활하게 걸어 다니던 시절은 어느새 아득한 옛 이야기가 되었다. 그는 시끌벅적한 대로변으로부터 한 블록 뒤로 물러난 곳에서 젊고 가녀린 여성과 둘만의 시간을 보내고 있었다. 아를레트는 사르트르와 피아노 의자에 나란히 앉아 함께 연주하기도 했고, 때로는 그의 피아노 소리를 가만히 듣기도 했다.

쇼팽의 녹턴은 나른하게 비탄에 잠긴 채 서정적인 멜로디를 들려준다. 사르트르는 타인에게 강요된 시간성에 쫓기지 않고 자기 기분이 내키는 대로 마음껏 연주하며 유희한다. 낭만주의에 알레르기 반응을 보이는 음악 애호가라면 불협화음이 불쑥불쑥 튀어나오고 단조로 전조되는 부분을 부각시키는 이 늘어지는 연주를 견딜 수 없을 것이다. 사르트르가 어떤 효과를 노렸던 것이 아니다. 루바토[6] 연주가 가능할 정도로 테크닉이 좋았던 게 아니라 단지 엇비슷하게 연주했을 뿐이다. 내가 듣고 있는 것은 루빈슈타인의 연주가 아니다. 사르트르가 들려주는 녹턴은 기교적 완벽성이나 음악적 해석에 전혀 구애받지 않고 악보가 지시하는 대로 음과 음 사이를 미끄러져 가는 아마추어의 연주였다.

그는 악보를 초견으로 연주하며 조금씩 황혼의 세계에 다가간다. 초견은 처음 접하는 작품을 익히기 위한 연습법만 뜻하는 게 아니다. 초견은 음악 자체에 대한 천진난만한 접근법이고, 음표에 대한 경외감이나 능란한 연주에 대한 부담 없이 음악을 느끼게 한다. 사르트르는 건반 위의 방랑자다. 앨범을 뒤적이다 우연히 발견한 악보를 훑어보고는 최소한의 화성만 지키면서 멜로디 라인을 더듬더듬 따라가다가 까다로운 테크닉이 나오면 본체만체하고 지나친다.

사르트르는 악보를 즉석에서 읽고 연주하는 초견연주자였고 이것은 놀랄 만한 일이 아니다. 그의 독자들은 모든 분야를 섭렵하려 했던 이 열정적인 사상가의 호기심이 얼마나 왕성한지 알기 때문이다. 사르트르는 전 생애에 걸쳐 하이데거와 마르크스의 철학, 말라르메나 생고르의 시, 틴토레토의 그림, 자코메티의 조각을 연구해왔다. 하지만 처음 보는 악보를 즉석에서 읽으며 연주하는 것은 이것들과는 전적으로 다른 성격의, 쉽사리 정복할 수 없는 능력이다.

음표는 해석하거나 그 안에 숨겨진 의미를 밝히기보다는 '그대로 따라야' 하는 것이다. 프랑스인들은 '데쉬프라

---

6    Rubato ☛ '도둑맞다' '잃어버리다'라는 뜻의 이탈리아어 rubare에서 유래한 말로, 음악에서는 독주자나 지휘자의 재량에 따라 박자에 얽매이지 않고 자유롭게 연주해도 좋다는 뜻으로 사용된다. 화음이 흐트러지는 것을 막기 위해 어느 정도 제한이 있으며, 어디까지나 감정에서 우러나온 자연스러운 것이라야 한다. 쇼팽이 특히 즐겨 사용했다.

쥬'(déchiffrage)와 '데쉬프르망'(déchiffrement)을 각각 초견연주와 해독(解讀)으로 구분하여 사용하는데, 그렇기 때문에 데쉬프르망이 내포하고 있는 복종, 노예의 의미를 데쉬프라쥬에서 떼어내는 것이 중요하다. 만약 프랑스어 '데쉬프뢰르'(déchiffreur)가 '해독하는 사람'이라는 본래 의미만 고수한다면, 우리는 초견연주자와 즉흥연주자가 모든 면에서 반대된다고 오해할 수 있다. 즉흥연주자는 영감을 받아 연주하지만 초견연주자는 악보의 노예에 불과하다고 말이다. 하지만 즉흥연주는 영감에만 의존해서는 불가능한, 고도로 숙련된 기술이다. 테마가 주어지면 정해진 문법이 있기라도 한 것처럼 곡이 전개되는 패턴을 읽고 그 다음을 예측하는 것이 가능할 정도다. 사르트르는 초견연주자로서 절대 관중을 위해 연주하지 않았다. 연기에 몰입한 배우가 극중 인물과 자신을 일치시키는 것처럼 그는 상상의 소리로 가득한 세계에 들어가 역할극을 즐겼다. 초견연주를 마치 외국어를 처음 배우는 학생이 더듬거리며 문장을 읽는 모습과 비슷한 것으로 여겨서는 안 된다. 초견연주는 사르트르가 음악과 관계 맺는 방식이었으며 즉흥으로 연주하고 발명하는 방법이었다. 그는 초견연주를 통해 진정한 자유를 누렸다.

 피아니스트는 피아노 앞에 앉는 자세로 존재 전부를 드러낸다. 사르트르는 영상에서 스툴이나 피아노 의자가 아닌 일반 의자에 앉아 있다. 부르주아지 인테리어의 꽃이라 할 수 있는 피아노의 이미지에 쉬이 편승하지 않는다. 너무 낮은 의자에 앉은 탓에 손목은 건반보다 밑으로 처져 있고 손가락은

유난히 짧고 뭉뚝해 보인다. 숙련된 피아니스트, 특히 인생의 말년에 이른 피아니스트는 이제 애써 구부릴 필요도 없다는 듯 곧게 편 손가락으로 건반을 능숙하게 누른다. 그에 반해 사르트르가 손가락을 놀리는 것을 보면 표현력이 떨어져 보인다. 독학으로 피아노를 익혔기 때문이다. 사르트르는 그저 목표지점을 누르기 가장 쉬운 위치로 손가락을 가져갈 뿐이다. 이 뻣뻣한 자세에는 특별할 게 없지만 건반을 누르는 터치만큼은 주목할 만하다. 사르트르의 손가락은 건반을 누른다기보다 훑는 쪽에 가깝다. 이것은 건반 위를 가로지르는 사르트르의 손인가, 아니면 몸 전체와 연결된 피부, 신경, 기질에서 비롯된 또 다른 손인가?

아리스토텔레스 이래로 손은 자주 철학적 담론의 대상이 되어왔다. 사르트르 역시 『존재와 무』에서 움켜잡고 잡히는 손에 대해 썼다. 그는 묻는다. 몸을 지니고 있다는 것은 무엇을 의미하는가? 내가 내 몸 안에 있는 것은 조종사가 배 안에 있는 것과 같은가? 사르트르는 자신의 손으로 데카르트에 답한다.

> 나는 몸으로 '존재'한다. 나는 펜으로 글을 쓸 때처럼 내 손을 사용해 쓸 수 있지만, 펜을 내 몸에서 떼어낼 수 있는 것과 달리 손은 떼어낼 수 없다.

우리는 이제 사르트르에게 피아노에 관해 물어볼 수 있다. 손은 피아노처럼 악기의 한 종류인가, 아니면 현을 때리는 해머인가? 손은 음악을 읽고 해석하는 의식에 지배당하는가, 아니면 피아니스트가 곧 그의 손인가? 그렇다. 피아니스트는 그의 손이다. 손에 피아니스트의 존재 전체가 담겨 있다. 손은 분명히 세계에 대한 우리의 의식에 관여한다. 의식적이든 그렇지 않든 손으로 물체를 만짐으로써 우리는 물체와 관계 맺는다. 악수가 끈적이는 이유는 축축한 손 때문이 아니라 손이 세계의 점착성을 지니고 있기 때문이다. 사르트르 같은 부류의 사람들은 기름 낀 손을 좋아하지 않는다. 기름 낀 손은 고체도 액체도 아닌, 어떤 중간 상태로 존재하기 때문이다. 그들은 바지 주머니 안에서 손바닥에 땀이 차는 것을 느낄 바에는 차라리 손바닥에 칼을 꽂고 말 이들이다.

그러면 어떻게 피아노 건반을 만질 것인가? 건반을 만지는 따듯한 손이 건반 위에 반짝이는 땀방울을 남겨두는가? 아니면 신체의 온기로부터 분리된 손이 차갑게 굳어 있는가? 사르트르의 손가락은 건반을 쓰다듬을 뿐 꿰뚫지 않는다. 상아색 건반은 수직으로 움직이지만 손은 수평으로 운동한다. 미세한 움직임으로 기계를 작동시키듯, 손은 건반 위에 섬세하게 자리 잡는다. 사르트르의 터치는 세련됨과 서투름 사이를 오간다. 땅딸막하고 투박한 손가락이지만 우아하게 움직인다. 피아노는 해머가 현을 두드려 소리를 내는 악기다.

어떤 연주를 들을 때 피아노 안에 들어 있는 해머의 존재가 느껴진다면 그 연주는 대체로 나쁘다고 평가한다. 사르트르의 손은 건반을 때리지도 내려찍지도 않는다. 그의 터치에는 부드러운 순백색 건반에 대한 존중이 깃들어 있다. 사르트르는 건반을 어루만지고 있는 것이다. 마치 건반을 유혹하겠다는 듯이……

사르트르는 연인들의 몸이 하나되는 것 같은 비밀스러운 합일을 좋아했다. 육체는 타인과의 순수한 연결통로다. 손으로 타인의 몸을 어루만지는 행위는 그 몸을 육체로서 존재하게 하고, 촉감의 교차를 통해 나의 손 역시 육체로 존재하게 한다. 내 손길이 타인의 살갗에 닿음으로써 그 감촉을 지각하는 내 존재가 증명되는 것이다. 현상학자들은 이러한 어루만짐, 터치를 에로틱하게 묘사한다. 손의 사용에 대해 꽤나 말이 많았던 18세기 철학자들에 비할 바가 아니지만 말이다. 어떤 면에서 사르트르는 메를로 퐁티나 레비나스보다도 더 자신의 매혹과 혐오를 탐구 대상으로 여겼다.

여성의 구멍에 대한 이야기를 다룬 『존재와 무』의 마지막 페이지가 철학교사 자격시험에 나오기는 쉽지 않을 것이다. 하지만 그것은 관념의 세계 아래 파묻힌 삶의 진실을 드러낸다. 『존재와 무』에서 의식의 손가락에 들러붙은 잼이나 『구토』에서 로캉탱의 손을 끈적이게 했던 진흙탕은 자신의 신체가 수상한 물질에 빠져 있는 느낌에 대한 사르트르의 혐오감을 상징한다. 사르트르는 경기병처럼 깊숙이 찔러넣기보다는 자위해주는 쪽이었고, 존재와 사물의 표면에 머물며 그들을 어루만졌다.

건반 위에 놓인 사르트르의 손은 우리의 시선을 사로잡는다. 그의 몸은 평소보다 경직돼 있다. 부드러움이라고는 손가락 끝으로 건반을 터치할 때뿐이고, 상반신은 키 작은 사람들이 고개를 치켜든 것처럼 부자연스럽다. 영상 속의 사르트르는 짐짓 심각해 보인다. 촬영되는 것을 의식하고는 부러 우리에게 웃음을 주려 했던 것은 아닐까 생각할 수도 있다. 하지만 그렇지 않다. 사르트르는 어린 시절부터 줄곧 해왔던 이 역할극을 누구보다 잘 알고 있었다. 그는 건반을 터치하면서 쇼팽의 음악을 소환하고 있는 것이다. 신기하게도 그는 리듬 없이 연주한다. 단선율로 음을 연주해나가면서 박자를 지운다. 처음 들었을 때에는 '아마도 사르트르가 테크닉적으로 까다로운 부분이 나올 것에 대비해 뒤처지지 않으려고 그러는 게 아닐까'라고 생각했다. 이 이상함에 대해서는 뒤에서 다시 이야기하도록 하자.

사르트르는 자신이 상상해낸 청각적 이미지에 이입된 감정선을 유지하려 애쓰고 있다. 쇼팽 〈녹턴 $g$단조〉는 내면의 풍경을 그리는 작은 그림들로 구성된 서정적인 작품이고 특별히 까다로운 테크닉을 요하지 않는다. 이 곡은 풍부한 감정으로 나른하게 긴장감을 헝클어뜨리면서, 행복하지만 고통스러운 무력감에 젖게 한다. 이런 류의 음악은 우리 몸과 공간을 풍요롭게 한다. 장 폴과 그의 뒤에 서 있는 아를레트는 자신들을 침범한 카메라의 시선을 받아들이면서도 외면하려는 듯 악보에서 눈을 떼지 않는다. 영상은 그들의 낭만적인 모습을 잘 담아내고 있다. 아를레트와 장 폴은 쇼팽을 연주하는 내내 서로의 사랑을 느낀다.

## 오프비트 피아노

※

고독한 아마추어 피아니스트였던 사르트르는 음악을 여성과 결부시켰다. 그는 딸 아를레트의 집에서 피아노를 연주했고 전쟁이 끝난 후에는 어머니의 집에서, 더 어렸을 때에는 방과 후에 할머니 집에서 피아노를 쳤다. 가능한 한 간소하게 살고자 했던 터라 월세로 살던 자신의 아파트에는 피아노를 두지 않았다. 그러므로 사르트르에게 피아노 연주는 다른 사람의 공간, 특히 여성의 공간으로 가는 것을 의미했다.

장 폴은 매일 오후 세 시에서 다섯 시 사이에 보나파르트 거리에 있는 어머니 집으로 향했고, 등받이 부분이 금박의 망으로 장식되어 있는 의자에 앉아 피아노를 쳤다. 피아노 연습이 끝나면 자신의 아파트로 돌아가 본업인 글쓰기에 매진했다. 이때가 생제르맹-데프레[7]에 살던 시절이다. 훗날 프랑스의 알제리 식민지배를 지지하는 세력에 의해 그의 거처는 두 번이나 피폭당했고 어쩔 수 없이 이 시기에 안녕을 고해야만 했다. 사르트르는 몽파르나스에서 감정의 지도를 다시 그렸다. 어머니 안느 마리 망시 여사는 사르트르가 있던 라스파이 거리로 이사했다. 시몬 드 보부아르는 숄셰르 거리에, 아를레트 엘카임은 들랑브르 거리, 미셸 비앙은 몽파르나스 거리에 살았고, 완다 코사키비에츠는 드라공 거리에 남았다. 10층 발코니에서 파리를 내려다본 이 부족장은 자신의 여인들이 어디에 살고 있는지 한눈에 파악하며 흐뭇했을 것이다.

---

7  **Saint-Germain-des-Prés ☛ 파리 6구에 위치한 지역 이름.**

사르트르는 여성과 함께 있는 것을 좋아한다고 여러 차례 밝혔다. 여성과 함께하는 동안만큼은 남자들 세계에 존재하는 권력 관계로부터 벗어날 수 있었다. 반골기질을 타고난 이 철학자는 풍경이라든지 자신이 느낀 감정, 지나가는 사람들에 대한 이야기를 여성들과 나누었다. 보부아르의 연인이었던 사르트르가 남성우월주의자는 아니었는지 미심쩍은 부분도 있다. 여성을 수다스럽고 피상적인 존재라고 비하했기 때문이다. 하지만 사르트르가 자신의 여성스러운 면을 인정했다는 사실을 기억한다면 이 의심은 사라질 것이다. 그는 알제리 독립 전쟁이 절정에 치달을 때까지 내뱉었던 권위적이고 맹렬한 언어와는 달리 자유의 언어를 갈망했다. 권력 투쟁의 굴레에서 벗어나 자유를 얻은 언어였다.

어떻게 사르트르는 자신의 시대와 언어를 분리할 수 있었을까? 한쪽에서는 격렬하게 정의의 구현자 노릇을 하면서 다른 쪽에서는 태평한 방랑자가 될 수 있었던 건 어떤 이유에서였을까? 베트남에서 미국이 저지른 범죄, 소련이 체코슬로바키아에서 범한 과오를 통렬히 비판하면서도 지인들과 로마로 긴 휴가를 떠나 나시오날 호텔 테라스에 앉아 카푸치노를 마시는 사르트르를 우리는 어떻게 이해해야 될까?

이러한 자아분열적인 행보는 1960년대 들어 절정에 달했던 것으로 보인다. 사르트르는 이미 어려서부터 자아분열적 기질이 다분한 소년이었다. 꼬마 풀루(사르트르의 어렸을 때 별명)는 미셸 제바코의 무협소설에 나오는 파르다양 기사를 흉내 내며 놀기 좋아했지만 다른 한편으로는 일찍 아버지를 여읜 탓에 규방을 제집처럼 드나들지 않았던가? 그렇다면 두 명의 사르트르가 있었던 것일까? 사르트르의 모든 저작과 인생의 발자취를 따라가다 보면 아마도 천 가지 서로 다른 버전의 사르트르를 만날 수 있을 것이다. 하지만 이것은 분리보다 연계의 개념으로 봐야 한다.

음악은 공동 모색하는 사람들의 영역이다. 굳이 엘리트주의를 들먹이지 않고도 우리는 음악이 아무나 공유할 수 있는 예술이 아니라는 사실에 동의한다. 선율과 화음에 감응할 줄 아는 감각 있는 '운 좋은 소수'만 음악을 향유할 수 있다.

한편 사르트르는 다수의 여성과 교제했던 것으로 보이는데 그들 각자는 자신만의 역할이 있었다. 이 여성들은 대체 불가한 인물이었고 사르트르가 생을 마감할 때까지 그의 주위를 맴돌았다. 프랑수아즈 사강은 〈장 폴 사르트르에게 보내는 사랑의 편지〉(*Lettre d'amour à Jean-Paul Sartre*)에서 사르트르가 남자들과 진지한 대화를 나누는 것에 얼마나 질려 있었는지 들려준다. 또한 자신의 멘토가 되어달라며 간청하는 지식인들 때문에 넌더리가 났다고도 썼다. 사르트르는 여자 친구들과 어울리는 동안만큼은 히로시마, 스탈린, 군사주의 따위를 잊을 수 있었다. 사강은 다음과 같이 이야기한다.

> 사르트르의 여자들은 우리가 저녁을 먹고 돌아온 자정이나 한창 티타임을 즐기고 있는 오후에 전화를 걸어왔다. 그들은 작가로서의 삶마저 박탈당한 이 맹인 남자에게 지나치게 의존하는 것처럼 보였다. 그녀들의 천진난만함은 사르트르

에게 활력과 이전의 삶을 되돌려주었다. 사르트르는 그녀들에게 둘러싸여 인기 스타이자, 바람둥이, 허풍쟁이, 다정다감하고 유쾌한 남자가 되어 있었다.

사르트르에게 있어서 음악과 오락, 상상은 모두 여성의 세계에 속한다. 사강은 그와 손잡는 것을 좋아했는데 그들은 종종 함께 음악을 듣곤 했다. 그러나 피아노는 아를레트의 집에 있었고 장 폴과 아를레트 사이에는 단순히 음악 애호가 사이의 연대감보다 끈끈한 무언가가 있었다. 그녀에게 자신의 꿈까지도 털어놓았으니 말이다. 이를 통해 우리는 음악 연주가 개인의 실존과 시간, 이미지에 특정 방식으로 개입한다는 사실을 감지할 수 있다.

사르트르와 보부아르, 이 전설적 듀오는 상대에게 완전한 자유를 허락하면서도 독점적으로 소유하는 것이 연인 관계에서 어떻게 가능한지 몸소 보여주었다. 사르트르가 다른 여성들과 가진 한시적 관계는 모두 보부아르의 귀에 들어갔다. 세세한 내용까지도 편지를 통해 전달되었다. 두 사람은 서로에 관한 모든 것을 공유했다. 하찮게 여겨지는 생각마저도 교류했으며 서로의 원고를 교정해주었다. 함께 여행하고 싸우고 담배를 피웠다. 둘 사이의 어떤 일도 보부아르가 모르는 것은 없었다. 하지만 피아노 연습을 시도했던 그녀의 노력에도 불구하고 둘이 함께 피아노 앞에 앉는 일은 좀처럼 없었다. 함께 피아노를 치는 것은 지식이나 음악적 소양이 있다고 가능한 일은 아니기 때문이다. 피아노 연주는 의미를 넘어선 언어에의 취향과 상상, 시간성의 유희를 발견하는 활동이지 음악을 듣거나 그것에 대해 코멘트 하는 것과는 차원이 다르다.

✳

 음악은 딸을 위한 것이었고 꿈도 마찬가지였다. 피아노와 몽상 사이의 연결고리를 더 탐구하지 않으면 우리는 많은 것을 그냥 지나칠 수 있다. 피아노와 꿈의 인접 관계에 대한 실마리는 피아노를 칠 줄 아는 또 다른 철학자, 테오도르 아도르노의 작업에서 찾을 수 있다. 아도르노는 미국에서 망명 생활을 하는 동안 지난 밤 꾸었던 꿈을 세세하게 기록했다. 피아노 연습을 하고 잠자리에 든 날에는 꿈에 말러가 나오거나 〈죽은 아이를 기리는 노래〉(*Kindertotenlieder*)를 부르는 어머니가 나왔다. 프랑크푸르트로 돌아오는 날까지도 $E^\flat$ 장조의 화성이 밤마다 머릿속을 맴돌았고 심지어는 건반이 하나도 없는 피아노를 치는 꿈까지 꾸었다고 한다.

 사르트르의 꿈은 소리보다는 이미지를 불러일으킨다. 우리는 그 이미지들에 대해 무엇을 알고 있는가? 간밤의 꿈에 관한 이야기는 꿈에서 깨어난 주체가 의식적으로 재구성해놓은 서사에 불과하다. 사르트르는 이러한 이야기는 물론 꿈 자체를 의심했다. 꿈은 자기 기만이며 의식이 결여된 상태라고 생각했기 때문에 꿈을 수동성과 결부시켰다. 그래서 『상상계』를 쓸 때 의식 활동으로서의 꿈을 논하면서 정작 본인의 꿈은 거론하지 않았던 것이다. 사르트르는 자신에게서 비롯된 것이 아니면 그 어떤 것도 거부했다. 하지만 그게 무엇이든 의지에서 비롯된 솜씨 좋은 기술이라면 정당한 평가를 내렸다.

사르트르는 데카르트의 후손답게 꿈이나 몽상 따위는 믿지 않았다. 하지만 우리는 또다시 그의 언행불일치를 목도하게 된다. 상상력이란 과연 어떤 능력인지 끊임없이 질문했던 것이다. 스물두 살에는 상상력과 신비주의적 환희에 대한 심리학 연구를 석사학위 논문 주제로 정할 정도로 상상력에 지대한 관심을 보였다. 연구를 위해 다니엘 라가슈라는 친구의 도움을 받아 메스칼린[8]을 투약하고 직접 환각 상태를 경험했다는 일화는 유명하다. 실험자와 피실험자가 모두 되려고 했던 야망은 무엇이든 통달해야 직성이 풀리는 광기에 가까운 사르트르의 욕망을 언뜻 내비친다. 메스칼린 덕분에 이미지가 어떻게 우리 의식 속에서 형상화되는지 뛰어난 관찰이 담긴 글을 몇 페이지 쓰긴 했지만 그 대가로 6개월 동안 우울증에 시달려야 했다.

지배 성향이 강했던 사르트르는 환각과 꿈의 통제 불가능성을 싫어했다. 꿈은 좀처럼 잡히지 않는다. 손을 뻗어 잡으려고 하면 어느새 저만큼 달아나 있다. 꿈은 꿈을 꾼 사람 자신도 모르게 기억을 조작하고 재배열한다. 이는 꿈이 원작자에게 충실하지 못해서가 아니다. 어떤 상징으로도 붙잡을 수 없는 유동성 때문이다. 아도르노처럼 꿈을 소재로 글을 쓰지는 않았지만 꿈은 그에게 철학적 글쓰기와는 다른 차원에서 중요한 소재였다. 사르트르가 중요하게 여긴 것은 꿈의 내용보다 꿈꾸는 활동 자체였다. 이야기나 이미지만으로는 꿈을 온전히 포착할 수 없다. 꿈은 이미지 없는 상상이고, 이야기보다 중요한 것은 드러나지 않은 비밀, 움직임에 대한 탐구 그리고 희미한 말들이다.

    음악을 연주하는 것과 꿈에 대해 말하는 것이 서로 닮은 것은 우연이 아니다. 피아노를 칠 때 사르트르는 상상계를 분주히 작동시켜 지나간 감정과 재구성해낸 꿈의 조각들을 불러 모은다. 이러한 음악 연주는 놀이의 면모뿐 아니라 연극적인 측면도 있다. 사르트르는 마치 자신이 연극 무대에 선 것처럼 스스로를 음악 작품에 투사했다. 배역을 나눠주는 것은 악보가 하는 일이다. 그리고 사르트르에게는 쇼팽 역이 주어졌다. 음악과 하나로 연결되기 위해 프레이즈에 자신을 내맡겼다. 음악을 연주하는 시간만큼은 자신이 처한 사회적·정치적 현실과 유리된다. 미래를 위한 계획이나 의지는 잊은 채, 오직 아련한 과거를 되찾고 묘한 영원성이 공기 중을 떠다니게 만드는 데 집중한다. 영원성은 직선으로 펼쳐진 음표들이 마디를 넘어갈 때마다 물결처럼 너울거린다. 사르트르의 음악적 상상력은 아도르노의 꿈처럼 노스탤지어와 연결되어 있다. 하지만 음악을 이론과 창작에 도움이 되는 활동으로 생각했던 프랑크푸르트 학파의 대가와 달리 사르트르는 음악을 오직 과거에 대한 향수와 연결시키는 것에 그쳤던 것으로 보인다.

    사르트르는 다방면으로 활동했던 지식인이었다. 그중

---

8    페요테라고 부르는 멕시코 지역에서 나는 선인장의 화두(花頭)에 함유된 물질. 진통작용이 있으며 중독되면 LSD와 비슷한 환각증상을 유발한다.

에는 사회적 집단으로서의 가족을 비판함으로써 가족이라는 신화를 타파하려 했던 일도 포함된다. 가족 구성원의 결속력을 다지는 데 이용되는 공감의 이데올로기가 사르트르가 보기에는 비합리적이고 근거가 부실했던 것이다. 그러나 이런 사르트르도 피아노에 대해서만큼은 다른 태도를 보였다. 피아노는 반사적으로 어머니를 떠올리게 했기 때문이다. 사르트르와 어머니는 그 누구보다 각별한 유대감을 느끼는 사이였다. 그런 측면에서 바르트는 본받을 만하다. 바르트는 어머니를 떠올릴 때마다 가족주의[9] 없는 가족을 주장했다. 어머니를 가족의 일원이 아닌 한 명의 여성으로 생각함으로써 모자간에 나눈 진실된 사랑이 어머니라는 상징성 때문에 퇴색되지 않도록 했다. 사르트르는 건반 위에서 어머니와 함께했던 지난 날들에 대한 따스한 암시를 그의 글 곳곳에 조금씩 남겨놓았다. 어머니와 주고받은 사랑이 평가절하되는 것에 대비했던 것이다.

이제 사르트르의 어린 시절로 돌아가 보자. 건반 위의 사르트르는 어떤 취향을 지녔고 누구의 작품을 연주했을까? 아를레트와 안느 마리, 두 여인과 함께 쇼팽을 치던 시절과 그리 멀지 않다.

※

사르트르는 음악을 사랑하는 친척들에 둘러싸여 유년기를 보냈다. 그들 각자는 서로 다른 악기를 다룰 만큼 음악에 각별한 애정을 보였다. 태어난 지 1년 만에 아버지를 여읜 사르트르는 그 이후로 외할아버지 샤를르 슈바이처[10]에게 교육받았다. 샤를르 슈바이처 역시 음악 쪽으로 재능 있는 인물이었다. 목사였던 동생 루이 테오필[11]의 집에서 작곡도 하고, 멘델스존 스타일로 피아노 연주를 할 정도였다. 샤를르가 바흐의 몇몇 작품들을 현대적으로 재해석할 때는 아마도 멘델스존 스타일을 접목시켰을 것으로 짐작된다. 독일어 교사였던 샤를르는 사르트르에게 인문학적 소양을 물려주었고 그를 작가의 길로 인도했다. 사르트르는 『말』에서 외할아버지를 보호자이자 자신의 문학적 재능을 이끌어낸 선생님으로 그렸고 외할아버지와 외할머니에게 '카를레마미'라는 애칭을 붙여주었다. 그렇다고 이 개신교 집안 사람들이 고전음악만 듣고 교회음악을 소홀히 여겼던 것은 아니다. 사르트르의 외당숙인 알베르트 슈바이처가 요한 세바스찬 바흐에 관한 논문을 썼다는 사실을 기억하자.

'랑바레네의 의사' 알베르트 슈바이처는 가족을 위한 오르간 연주회를 열곤 했다. 풀루는 그때마다 그를 도왔다. 당시 사르트르에게 음악은 종교 활동이고 사교 활동이었다. 연주회, 음악 감상, 충만한 영성 그리고 슈바이처 가문 남자들의 위계질서 같은 것들이 음악과 관련돼 있었다. 결론부터 말하면 이 모든 것은 구토를 유발하는 역겨운 것, 즉 휴머

---

9 **가족 구성원 개인보다 집안이 우선시 돼야 한다는 이데올로기.**
10 **Charles Schweitzer(1844~1935) ☛ 노벨 평화상 수상자인 알베르트 슈바이처의 아버지 루이 테오필 슈바이처의 형이다. 고등학교 독일어 교사로 일했다.**
11 **Louis Théophile Schweitzer(1846~1925) ☛ 알베르트 슈바이처의 아버지이자 장 폴 사르트르의 외할아버지.**

니즘과 부르주아지의 전형이었다. 일요일 예배와 오르간 소리, 루터교의 찬송가, 토카타는 사르트르와 음악 사이를 틀어지게 했다. 언젠가 그는 "신앙은 음악적 황홀을 일으킨다"고 비판한 적이 있다. 우리는 이를 통해 사르트르가 연주회를 싫어했다는 사실을 알 수 있는데, 그가 기억하는 연주회는 언제나 명망 높은 교양인들이 무더기로 모이는 곳이었기 때문이다.

사르트르는 교회 음악에 대한 해독제를 어머니 안느 마리에게서 찾았다. 그녀는 오후에 아버지가 독일어 수업을 하러 나가면 피아노로 향했는데, 그때부터 사르트르와 둘만의 레지스탕스 활동이 시작되었다. 사르트르 모자가 바랐던 것은 오르간보다는 피아노, 가부장주의보다는 여성성, 상징보다는 상상, 바흐보다는 쇼팽, 권력보다는 꿈이었다. 하지만 이런 구분이 언제나 맞아떨어진 것은 아니었다. 한때 사르트르는 바흐 작품을 꽤 진지하게 연주했기 때문이다. 그럼에도 피아노 연주가 남자들 사이의 정치에 대한 반대급부로 이루어진 활동이었다는 데는 이견이 없다. 안느 마리는 어머니였지만 그녀도 카를레마미에게는 소녀였다. 그래서 사르트르에게는 자신의 취향과 감정을 공유할 수 있는 누이이자 친구 같은 존재였다.

슈바이처 가문의 남자들이 없을 때 그녀는 어떤 음악을 연주했을까? 쇼팽의 발라드나 슈만의 소나타, 세자르 프랑크의 변주곡 같은 곡들이었다. 어린 풀루는 바흐와는 다른 음악 세계를 발견했고 경건하고 엄숙한 일요일에서 해방될 수 있었다. 그는 슈바이처 가(家)의 청교도적 중압감에서 벗어나 마음껏 몸을 놀리며 어머니의 연주에 맞춰 춤을 추곤 했다. 리듬을 타면서 자유롭게 움직였다. 어머니의 손가락을 따라가며 음악과 하나되는 행복을 누렸다. 어린이의 놀이, 진지함이라고는 없는 희극 배우, 촌극을 만들어내고 템포에 고양되는 비결이 바로 여기에 있다. 행복한 도취는 종교적 환희를 대체했다.

사르트르는 오페레타를 좋아했는데 이것은 의심의 여지없이 어머니와 함께 음악을 즐기던 시간에서 비롯된 것이다. 고상한 취향을 가진 음악 애호가에게는 이 사실이 충격적으로 들릴지 모른다. 음악과 사랑, 드라마를 즐기는 것은 안이한 감정을 비웃는 방법인 동시에 상상력을 동원해 이것들의 참의미를 잘 살려내는 방법이다. 짓궂은 소년 풀루는 소녀 같은 어머니와 온갖 캐릭터를 패러디하며 놀았다.

> 피아노는 내 안에 부두교의 북소리 같은 리듬을 새겨넣었다. 영혼의 깊숙한 곳에 자리 잡은 〈즉흥환상곡〉은 알 수 없는 과거와 불타는 죽음의 미래를 보여주었다.
> 악마가 나를 사로잡았고 거칠게 흔들어댔다. 나는 암컷 말이자 기수였다. 말 위에 올라타 대지와 책상 위를 전속력으로 질주했다.

음악극은 이런 식으로 즉석에서 연주되었고 두 모자를 숨막히는 집안 분위기에서 빠져나와 쉬게 해주는 도피처가 되었다. 모두 쇼팽 덕분에 가능한 일이었다. 사르트르와 안느 마리는 서로 아무런 조건 없이 사랑했다.

> 알레그로가 부드러운 손길로 아다지오에게 자리를 넘겨주었다. 나는 살육을 재빨리 마무리 짓고 내가 구한 여인을 향해 미소 짓는다. 음악은 그녀가 나를 사랑한다고 속삭였다.

어머니와 아들은 종종 같이 외출해서 즐거운 시간을 보내고 들어왔는데, 그곳은 사르트르가 이미지 속에서 음악을 발견할 수 있는 또 다른 장소, 영화관이었다. 당시만 해도 영화관은 현실 세계를 모방한 불경스러운 공간이라는 인식이 있었지만 안느 마리는 아들을 데리고 영화관으로 갔다. 현실에서는 음악이 리드하는 대로 춤을 추는 것과 달리 영화관에서는 무성 영화의 화면에 따라 음악이 연주되었다. 그런데도 사르트르는 영화의 움직이는 이미지에 매혹되었고 다른 지식인들보다 훨씬 먼저 영화를 현대의 중요한 예술로 인식했다.

그가 초기에 썼던 철학 에세이 중 하나는 영화에게 보내는 사과문이라 부를 수 있을 정도였다. 심지어 나중에는 자신이 직접 시나리오를 쓰고 연출까지 하려 했다. 그는 어린 시절 영화관에 놓여 있던 피아노의 역할에 대해서는 말하지 않았다(나는 어린 사르트르가 영화관을 드나들며 경험했을 일들로 미루어 유추할 뿐이다). 사르트르는 피아노가 찬송가를 반주하는 대신 유희적으로 사용될 수 있다는 확신을 가졌을 것이다. 그리고 무엇보다 음악과 상상력 사이의 밀접한 관계에 대해 생각했으리라.

현실 도피로서의 피아노 연주는 안느 마리의 재혼으로 가족이 재구성되면서 전환점을 맞게 된다. 르 고프 거리에 있는 슈바이처 가의 아파트에서 풀루는 어머니 곁에서 공포에 질린 연기를 하며 피아노 주위를 빙글빙글 돌았었다. 하지만 파리로부터의 망명(이라고 그는 생각했다) 시기에 이르러서야 피아노 테크닉을 배우기 시작했다. 당시 환경은 사르트르에게 피아노가 어떤 것인지, 음악을 연주하는 것이 어떤 것인지를 재확인하게 했다.

안느 마리의 새 남편인 조제프 망시는 엔지니어였고 그녀의 전남편, 형제들과는 에콜 폴리테크니크[12]를 함께 다닌 동창 사이였다. 망시가 라로셸의 해군기지 건설 책임자로 임명되었을 때 열두 살이었던 사르트르는 파리의 앙리 4세 고등학교를 떠나 지방에 있는 고등학교로 전학가게 되었다. 새로운 동급생들은 잘난 척하는 이 파리지앵을 따돌리고 괴롭혔다.

제1차 세계대전이 어른들의 세계를 장악하는 동안 사르트르도 인생 최악의 4년을 보내고 있었다. 고통스러웠던 이 시간은 앞으로 그가 쓰게 될 글의 향방을 결정짓는다. 자신의 작품에서 부정적으로 묘사된 캐릭터들은 모조리 새아버지의 그림자라고 말했을 정도로 조제프 망시에 대한 반항감은

---

12  École Polytechnique ☛ 파리 공과대학교.

글을 쓰는 데 큰 힘이 되었다. 그러나 피아노를 새아버지에 저항하는 도구로 이용하지는 않았다. 소심하게 반항심을 드러내기 위해 일부러 그 앞에서 피아노를 치긴 했지만 말이다.

슈바이처 가문은 바흐 음악을 사랑했고 쇼팽은 기분 전환이 필요할 때만 들었다. 반면 조제프 망시는 음악 자체를 좋아하지 않았다. 새아버지는 사르트르가 싫어했던 과학, 도덕, 권력을 상징한다(나중에 사르트르는 똑같은 패러다임을 루앙의 의사였던 플로베르의 아버지에게도 적용한다). 과학과 도덕, 권력은 부르주아 휴머니즘[13]을 지탱하는 세 개의 기둥이고, 음악은 거기에 저항하는 방식이었던 셈이다.

최초의 피아노 레슨은 안느 마리의 연주에 최소한으로 가담하는 것에서 시작되었다. 손가락 한 개에서 한 손으로, 한 손에서 양손으로. 피아노 건반 위로 올라가는 사르트르의 손가락 개수는 점차 많아졌다. 그리고 마침내 네 개의 손이 나란히 연주하게 되었다. 7옥타브 88개의 건반은 새아버지도 함부로 침범하지 못하는 공간이었고, 여기에서 모자는 둘만의 사랑을 확인했다. 사르트르는 안느 마리의 레퍼토리를 자신의 연주 목록에 추가시켜갔다. 피아노를 위해 편곡된 프랑크나 멘델스존의 교향곡 덕분에 오케스트라 음악도 접할 수 있었다. 외할아버지 샤를르는 멘델스존을 작곡가로서 존경했지만 사르트르는 멘델스존 작품에 오페레타의 아리아를 섞어 패러디해서 가지고 놀았다. 이 가족극은 피아노 음역을 따라 펼쳐졌다. 피아노 연주는 사르트르 자신을 불편하게 하는 것에 소심하게 반항하는 방식으로, 1972년 시력을 잃고 글쓰기와 음악 연주 모두 못하게 된 순간까지 지속되었다.

음악 연주와 사르트르의 관계는 어린 시절에 겪은 복잡한 가족사에서 형성된 것이다. 하지만 이를 어머니와의 유대 관계로만 축소해서 파악하려 한다면 그 전체 의미를 놓칠 수 있다. 어린 시절은 첫 경험의 시간만도, 모든 것의 기원이 되는 시간만도 아니다. 유년기는 물리적 인과법칙과 상관없이 과거와 현재를 다리 놓는 유연한 시간성이다. 니체는 유년기를 단순히 노스탤지어와 연결짓지 않았다. 그보다는 모든 소요가 지나간 뒤 어른이 돼서야 찾아오는 어떤 것으로 묘사했다. 운명을 받아들이고 힘을 확보한 뒤라야 비로소 놀이의 시간이 도래한다. 유희와 가면극의 시간이, 그리고 순수한 기쁨의 시간이…….

어린 사르트르는 보호자들에게 저항하면서 음악을 발견했다. 하지만 그 시간이 사르트르에게 트라우마로 남은 것은 아니다. 오히려 사르트르는 저항을 통해 주체로서의 자아와 실재하는 세계 사이, 자아와 시간성 사이의 독특한 연결을 경험했다.

우리는 하나의 주체로서 내면을 흐르는 복수의 리듬에 따라 사랑하고 인식하고 사유하며 자아를 구성한다. 그 리듬

---

13 사유재산과 개인주의에 입각한 휴머니즘. 민중의 생활을 고려하지 않고 그들의 자유를 무시하는 경향이 있다. 결과적으로 휴머니스트들이 내세운 자유·평등·박애가 실현된 사회와는 큰 괴리를 보인다.

들은 한꺼번에 뒤따르고 결정되고 합쳐진다. 내가 이 책에 내놓은 가설은 음악 연주가 개인에게 독특한 시간성을 경험토록 한다는 것이다. 독특한 시간성이란 우리 자신이 구성해낸 세계에서 스스로를 주체로 만드는 시간을 뜻하는데 이 시간 속에서 우리는 실재 세계와 질서 있게, 때로는 무질서하게 관계 맺는다.

※

사람들은 왜 음악을 연주하는가. 우리는 그 이유를 기쁨에 차서 연주하고 춤추며 꿈꾸는 이들의 규칙적이거나 불규칙한 맥박에서 발견할 수 있다.

사르트르는 어린 시절 어머니의 피아노 주변을 서성이면서 발견한 가능성들을 종합했다. 세상을 떠나기 2년 전인 1967년, 85세의 망시 부인은 한 인터뷰에서 아들의 가족과 관련된 기억 전반을 부정했다. 풀루가 새아버지를 받아들이지 못한 것은 너무 어렸기 때문이라며 아들이 남편 조제프에게 씌운 불명예를 씻어내고자 했다. 너무 마른 아들의 건강을 염려했고, 보부아르를 향해서는 보다 편안하게 살기를 바란다고 말했다. 망시 부인의 아들 걱정이 터무니없는 일은 아니었을 것이다. 하지만 그녀가 몰랐던 사실은 아들의 건강 문제는 철학과 글쓰기, 나아가 음악에까지 영향을 준 리듬에 관한 문제였다는 점이다.

지적 영감은 호흡 그리고 심장박동과 밀접하게 관련되어 있다. 망시 부인의 인터뷰가 있기 몇 해 전, 사르트르는 마르크스주의를 현상학적 분석과 통합한 두 번째 철학서『변증법적 이성비판』을 하루빨리 완성하기 위해 코리드란[14]을 과다 복용했다. 실존주의 철학이 놓쳤던 역사학, 정치학, 경제학, 사회학은 이 책을 통해 재구성된다. 사르트르는 마르크스주의자의 철학과 자유주의를, 사회적 결정론과 사건의 개념을, 집단의 역사와 개인을 화해시킨다. 원대한 포부를 이루려면 긴 호흡이 필요했다. 이론적 혁명의 정점이 될 이 위대한 책은 무한대에 가까운 텍스트의 홍수였고 사르트르의 다른 철학서처럼 한 권으로 끝나지 않을 예정이었다.

 제2차 세계대전 당시에 벌어진 인구 이동과 억류에 대한 경험은 그의 삶을 전쟁 이전과 이후로 나누었다. 전쟁 이전에는 존재론적 자유를 연구했다면, 전후에는 집단적 실천에 전념했다. 이론적 아이디어가 넘쳐나는 상황에서 사르트르는 큰 대가를 치르더라도 마르크스주의 진영과 대화하고 싶어 했다. 특히 사르트르가 공산주의와의 결별을 공식 선언했던 1959년 소련군에 의한 부다페스트 점령 이후, 그와 같은 열망은 더욱 세졌다. 코리드란 과다 복용은 그의 심혈관계에 오랜 기간 손상을 주었다. 하지만 주어진 시간 안에 글을 쓰기 위해 치를 수밖에 없었던 대가였다.

 『변증법적 이성비판』은 사르트르 사후에 다시 정리될 필요가 있었다. 주의 깊게 읽은 독자라면 이 책이 지니고 있는 리듬에 이상한 점을 분명 느꼈을 것이다. 지나치게 긴 문

---

[14] 1950년대에 널리 퍼진 향정신성 약물로 아스피린과 암페타민이 주원료이다. 중추신경계를 흥분시켜 육체적 능력을 전반적으로 끌어올린다.

단이나 압도적인 무게감 때문이 아니다. 다수의 이야기에 이리저리 연결되고 삽입되며 한없이 늘어지는 문장들. 기묘함은 여기서 기인한다. 사르트르는 프루스트식의 삽입 종속절을 쓰지도 않았는데 종종 주어를 찾기 힘든 데다, 보어절과 종속절은 지나치게 많이 쓰여 독자로 하여금 갖은 추론을 쏟아내게 만든다.

사르트르의 논리를 따라가기 위해서는 모든 수사적 질서를 무시하고 펼쳐지는 흐름에 동화되어야 한다. 마침내 글쓰기는 생각과 한 몸을 이룬다. 글쓰기가 생각과 함께 달린다. 책을 속히 완성해야 한다는 압박감에 사로잡힌 철학자의 조바심이 글에 묻어 있는 것으로 생각할 수 있지만 사실은 그렇지 않다. 이 책은 질주하는 생각의 속도에 글 쓰는 속도를 최대한 맞추려는 초인적인 노력으로 써진 것이다. 그러므로 여기서 중요한 것은 리듬보다 속도다. 이러한 글쓰기는 스타일의 문제로만 한정시켜 생각하기 어렵다. 문체가 사르트르의 사상, 삶의 방식과 닮았기 때문이다. 그는 『말』에서 프랑스 고전 산문의 아름다운 수사법을 사용한다. 문학과 잠시 떠나 있기 위한 선택이었다. 사르트르의 이러한 면모는 바흐와 모차르트를 계승하면서도 낭만주의 시대를 열었던 멘델스존을 떠올리게 한다. 문학에는 이별을 고하고 언어에는 사랑을 고백하는 것. 패러디는 사르트르가 잘 쓰는 작법이었다.

반면 『변증법적 이성비판』의 철학적 글쓰기에서 사르트르르는 흐름의 중심에 있었고 결코 멈출 수 없었다. 정확히 말하면 끊이지 않는 생각이 그를 지배했던 것이다. 메스칼린을 복용해 환각 현상을 연구하려 했던 때를 연상케 할 정도로 광기에 가까운 그의 철학적 야심은 사유와 글쓰기의 시차를 최소화하거나 완전히 없애는 것이었다. 글쓰기의 시간은 문자 그대로 종이 위에서 펜이 움직이는 시간을 가리킨다. 생각과 그것을 종이에 옮겨 적는 행위 사이에 발생하는 시간차에 관한 담론은 플라톤까지 거슬러 올라갈 정도로 오래 되었다. 사르트르는 이 시간차를 발작적으로 표현했다.

사르트르만큼 생각의 흐름에 대해 쓰고 연구한 사상가는 흔치 않을 것이다(연구 성과에 대한 판단은 뒤로 미루더라도 말이다). 사유와 글쓰기의 동시성은 글쓰기의 정치학을 내포하며, 직접 민주주의를 향한 사르트르의 정치적 이상과도 맥을 같이 한다. 사르트르는 경험적으로 깨달은 바가 있었다. 중재는 무기력과 소외를 수반하고, 의회와 정당은 개혁을 방해한다는 사실. 사르트르는 사상과 사건, 집단 의지가 동시다발적으로 이뤄질 것을 제안했다. 그는 늘 정치적 현안의 최전방에서 목소리를 내는 실천하는 지식인이었다. 진리는 변한다. 변화의 흐름에 참여하는 쪽이 가만히 앉아서 구경하는 쪽보다 낫다. 멈추지 말고 표출할 것. 역사의 시간이 나 자신을 관통해서 흐르도록 할 것. 그리고 시대 흐름과 하나 될 것!

✳

　음악은 삶의 싱코페이션(당김음)이다. 음악은 느닷없이 나타나 자기동일성을 유지하려는 개인을 방해하지도, 역사를 뒤집어엎지도 않는다. 그 대신 악보 안에 다른 성격의 시간을 새긴다. 이 엇박자의 시간성은 곡의 지배적 흐름과 접목된 독특한 리듬에서 주로 발견되며 가끔은 거리를 두고 지배적 흐름을 유지시키기도 한다.

　정치 활동으로 한창 바쁘던 시기에도 사르트르는 매일 피아노를 쳤다. 1960년대 말, 강경했던 그의 정치 활동을 생각하면 쇼팽의 녹턴을 연주하는 사르트르의 1967년 영상은 비현실적으로 보이기까지 한다. 그는 미국이 베트남에서 저지른 범죄 행위의 진실 규명을 위해 러셀 재판소 조사 위원회를 주재했다. 몸소 이집트와 이스라엘을 방문해서 아랍과 이스라엘의 대화를 촉구했으며 프랑스 68혁명을 지지했다. 1970년대에 사르트르는 좌파의 핵심 인물이 되어 있었다. 하지만 데모와 토론, 열정적인 글쓰기를 포함한 그 무엇도 피아노를 연주하는 시간만큼은 방해할 수 없었다. 삶의 다양한 리듬 사이에서 나타나는 이러한 어긋남은 현실과 거리를 두려는 한 철학자의 지혜에서 비롯한 것이 아니다. 유기적 연결의 기술, 풍성한 내면을 가꾸려는 경향, 감정을 열린 마음으로 받아들이는 태도에서 오는 것이다.

　그럼에도 불구하고 다양한 시간성의 조합은 흐름을 가로막는 엇박자를 유발하기도 한다. 이것은 양립불가 혹은 저항의 모습으로 드러나고 만남을 불발시킨다. 행동하는 지성의 상징인 사르트르라고 해서 모든 만남에 응하지는 않았다. 그가 전쟁 통에 목숨을 부지할 수 있었던 것은 좌파 친구들의 군사적 호출을 수락하지 않았기 때문이기도 하다. 하지만 이를 공적 활동과 사적 활동의 모순이라고 볼 수는 없다. 그보다는 지금 이 순간을 상상의 시간, 글쓰기의 시간, 감정의 시간과 타협했던 것으로 봐야 한다.

마오주의자[15]들이 사르트르에게 부르주아만 읽을 수 있는 철학서 대신 인민을 위한 소설을 쓰라고 압력을 가했을 때 그는 저항했다. 그는 사회주의 리얼리즘과 사상 교육에 봉사하는 글쓰기가 실패했던 과거를 알고 있었기 때문이다. 무엇보다도 그가 당시에 '참여'하고 있던 분야는 플로베르에 대한 글쓰기였다. 그는 이 작업이 정치적 차원에서 하는 일이라고 여러 차례 해명해야 했다. 19세기 소설가 플로베르를 이해해야 제2제정시대[16]를 바로 볼 수 있으며 작가와 역사 사이의 연관성을 이해하게 될 것이라고 말이다. 그러므로 사르트르가 이 반동분자 작가를 연구한 것은 대의를 저버린 게 아니었다. 그 당시 중국은 쇼팽을 부르주아 작곡가로 간주하여 연주를 금지했다. 만약 사르트르가 쇼팽을 연주하는 자신의 일상을 정당화하려 했다면 혁명 재판을 피할 수 없었을 것이다.

플로베르에 대한 글쓰기는 쇼팽을 연주하는 것과 다른

---

15 중화인민공화국의 지도자였던 마오쩌둥의 혁명사상을 지지하는 세력.
16 나폴레옹 1세의 조카 나폴레옹 3세가 황제 자리에 오른 1852년부터 보불전쟁에서 패배하고 몰락하는 1870년까지의 프랑스를 가리킨다. 정치적으로는 행정·군사·외교 등 모든 권한이 황제 한 사람에게 집중된, 민주주의와는 거리가 먼 체제였지만 문화와 예술, 경제적 측면에서는 시민사회의 번영을 이뤘다.

의미를 갖는다. 그는 어렸을 때 『마담 보바리』에 매혹됐었다. 플로베르에 대한 반감은 역설적이게도 플로베르에 관한 기념비적인 비평서 『집안의 천치』를 쓰게 한 동력이 되었다. 이 책은 소설과 인류학서의 중간 격으로, 무려 3천 쪽에 달하고 네 권으로 이어질 계획이었다. 이 글쓰기 작업의 시초는 그가 음악을 연주한 것만큼 오래되었다. 하지만 글쓰기에 쏟은 감정과 상상력 그리고 지적인 헌신은 음악의 그것과는 본질적으로 달랐다. 글쓰기는 사르트르 본인만의 시간성에 방향을 부여하고 마침표를 찍는 작업이었기 때문이다. 우리의 가장 큰 관심사는 사르트르가 이 책을 집필했던 시간이 그의 독자적인 시간성 안에서 어떻게 작용했는지 이해하는 것이다.

그는 프롤레타리아를 지지했고 「인민의 대의」에 칼럼을 기고했으며 「리베라시옹」을 창간했다. 자신이 속한 시대를 살면서 자기만의 시간을 확보하는 것, 그리고 새로운 시간성을 창조하는 것. 왕성한 정치 활동을 하던 당시의 사르트르에게 그것은 도전이었다. 갑자기 사르트르가 말한다.

"미안합니다. 사르트르 동무는 지금 플로베르 씨와 약속이 있어서요……."

그가 여기서 말하고자 하는 것은 무엇인가? 그것은 시간에 관한 것이다. 『마담 보바리』를 집필하면서 자신의 시대를 통째로 삼켜 소화시킨 한 인간의 독자적인 심리와 언어, 역사에 관한 질문이다. 사르트르는 자신의 연구 방식을 '진보적 역행'이라고 불렀다. 한 사람을 그 시대 안에서 이해하기 위해 과거에 내렸던 결정을 미래 시점에서 비춰봄으로써 그 의미를 깨닫는 것이 핵심이다. 사르트르는 플로베르가 상정했던 것과는 다른 역사적 시간에 접근하기도 했다. 이를 통해 개인이 제 시대에서 느끼는 간극과 오해, 시대착오적인 부분을 분석했다. 그래서 사르트르의 텍스트는 마치 그 자신과 역사적·정치적 시간 사이의 관계를 말하는 듯한 인상을 준다. 작가가 느끼는 동시대성과 대중이 느끼는 동시대성 사이에는 차이가 있게 마련이다. 작가란 시대를 앞서 나가는 사람들이기 때문이다. 사르트르에 따르면 플로베르는 『마담 보바리』를 집필하기 전부터 자신을 제2제정시대 사람으로 설정해놓았다고 한다.

사르트르가 밝히고 싶어 했던 사르트르 자신은 어떤 사람이었을까? 그는 역사의 흐름이 자신을 관통하길 바랐지만 시대의 상징이 되지는 못했다. 대의명분과 자신을 끝내 일치시키지 못했던 것이다. 그 대신 사르트르는 개인의 뒤엉킨 시간성 속에서 타협과 오해를 반복했다. 역사와 세계를 하나로 꿰뚫는 진리가 있다고 믿었기 때문에 개인과 시간성 사이의 유기적 관계를 늘 생각했다. 그리하여 사르트르는 '연속성의 해법'이라는 독특한 아이디어를 떠올렸는데, 이것은 한 개인이 자신의 시간을 역사의 진행 속도와 동기화시키기 위한 방식이었다.

인간의 시간은 '시간화된 단면들'로 구성된다. 시간화된 단면들은 각각의 존재가 세운 계획에서 일탈하고 팽창함으로써 직선이 아닌 소용돌이 형태를 만들어낸다. 사르트르는 평생 플로베르와 쇼팽뿐만 아니라 다 나열하기 힘들 정도로 많은 사람과 장소, 감정과 특별한 만남을 지속해왔고 이러한 만남이 나선형을 이루며 '연속성의 해법'을 창조해낸 것이다.

사르트르는 자신이 누구인지 철저히 알고자 했다. 철학과 문학 그리고 정치 분야에서 자신이 그려온 궤적을 돌아보곤 했는데, 이는 철학자이자 작가, 정치 활동가로 활동하며 겪었던 많은 굵직한 사건을 설명하기 위한 것이었다. 사르트르는 주기적으로 자신의 내적 혁명을 검토했다. 그렇게 함으로써 자신이 스스로의 탄생과 재탄생을 지휘하고 있는 시대의 작가라는 환상을 유지할 수 있었다. 이렇듯 작가가 시대와 맺는 공시적 관계의 이면에는 독특한 리듬과 시대착오, 교란되고 회절된 시간의 얼룩이 있다. 사르트르에게 피아노 연주는 지적 담론을 피하고, 타자에게 조종당하거나 단절될 위험에서 벗어나기 위한 활동이었다. 사람들은 누구나 동일한 현재를 산다고 여기지만 우리 각자는 굉장히 다른 시간과 리듬 속에 살고 있다. 피아노 연주는 이 비밀스러운 시간성에 동참한다.

✻

무대에서 리사이틀을 갖는 피아니스트 사르트르의 모습이 그려지는가? 드럼통 위에 올라서서 공장 노동자들을 선동하던 비양쿠르에서의 사르트르를 떠올리면 상상하기 힘든 그림이다. 하지만 사르트르는 프로페셔널 피아니스트가 되어 음악적 해석과 작곡에 헌신하는 삶을 꿈꿨다. 어렸을 때부터 연주해온 레퍼토리에도 불구하고 사르트르는 자신을 클래식 연주자로 여기지 않았다. 그는 철학자 사르트르 혹은 작가 사르트르가 아닌, 재즈 피아니스트 사르트르가 되길 언제나 소망했다. 이 비밀스러운 야심이 놀라운 진짜 이유는 그가 재즈를 전혀 연주하지 않았다는 점이다. 재즈 리듬은 클래식 연주자에게 너무 낯설었기 때문일 것이다.

재즈는 클래식 음악처럼 악보에 표기된 지시를 그대로 따라 연주하는 것만으로 충분하지 않다. 어떤 음은 소리의 흔적만 남긴다는 느낌으로 가볍게 터치하고 넘어가야[17] 되고, 곡 흐름상 중요한 음표는 꼭꼭 눌러 치면서 스윙 리듬을 타야 재즈처럼 들린다. 사르트르의 음악 취향만 고려하면 그가 재즈 피아니스트를 꿈꿨다는 사실이 설명되지 않는다. 그가 원했던 삶은 아비투스[18]와 상상계, 그리고 근엄한 슈바이처 가문의 자손이 꿈꾸었을 삶이다. 『구토』의 결말 부분에서 로캉탱이 강박적으로 재즈곡 〈머지않아서〉(*Some of these days*)를 듣는 장면을 통해 재즈의 이미지를 엿볼 수 있다. 이 곡은 의미가 사라진 세계에서 주인공이 느끼는 모든 환멸을 승화시킨 노래로 읽힌다. 『구토』에서 묘사되는 재즈는 모순투성이이고 대단히 복합적이다. 순수한 본질인 음악에 재즈라는 불순물이 섞였기 때문이다. 재즈는 피아노의 자리를 보다 개

---

17 **경과 화음(Passing chord)** ☞ 비화성음이므로 곡의 전체 흐름에 아무런 영향을 주지 않지만 코드와 코드 사이의 연결에 개성을 부여하는 역할을 한다. 건반을 누른 듯 안누른 듯 가볍고 재빠르게 터치하고 넘어간다.
18 **Habitus** ☞ 개인의 문화적 취향은 타고나는 기질이 아니라 교육 환경, 계급에 따라 후천적으로 길러진다고 주장한 부르디외의 사회학 용어.

성 강한 색소폰에 내준다. 사르트르는 색소폰 소리를 찬양해 마지 않았다.

> 실존을 내 안에서 쫓아내는 것, 지나치는 순간들에서 기름기를 걷어내고 비틀어 말리는 것, 나 자신을 정화하고 견고하게 하는 것. 그리고 마침내 색소폰 특유의 쨍하고 시큼한 음을 내는 것.

순수 음악에 대한 욕구는 로캉탱의 마지막 변신이다. 그의 욕구는 사르트르가 순수 의식을 주입함으로써 해소된다. 번들거리는 살갗과 축축한 감촉, 불안정한 대기는 어디선가 흘러나오는 재즈 음악 소리로 한층 더 도드라진다. 재즈는 음색뿐 아니라 누명을 벗고 구원받은 존재의 원형을 제공한다. 몸이 하나의 악기가 되어 멜로디를 노래하며 사는 삶은 타협하며 살아가야만 하는 우리 일상에서 스스로를 지켜내는 삶의 방식이다. 역겨움, 불안감은 정화되고 가쁜 숨은 진정된다. 그리고 음악이 남는다.

음악은 자기 완결성을 갖는다. 다른 외적인 이유를 필요로 하지 않고 그 자체로 충족된다. 음악은 순수 그 자체이기 때문이다. 〈머지않아서〉의 마지막 네 음은 마치 다른 세계에서 오는 소리처럼 들린다. 목소리와 진동, '치지직'거리는 레코드판의 잡음이 속한 이 세계와는 아예 다른 세계. 절망적인 삶을 다룬 이 글은 모든 삶의 주제에 대한 최종 해답으로서 음악을 제시하며 끝난다. 음악은 무한한 마침표이다. 그리고 인류가 과거부터 지금까지 존재해오고 있다는 사실 위에 붙은 페르마타[19]다.

우리는 이런 음악의 이상을 진지하게 받아들여야 할까? 이것은 재즈와 상관 있는가? 그리고 사르트르가 음악과의 관계를 정의하게 하는가? 음악만 가질 수 있는 예술의 순수성이 있다는 생각은 19세기 말부터 있었다. 사르트르는 이 생각에 동의하지 않았지만 이 재즈곡만큼은 적용했다.

'무(無)에 관한 책'을 쓰고자 했던 플로베르에 영감받은 모더니스트 작가들은 한 작품이 지닌 잠재성을 그 작품 안에 가두지 않고 해방시키려 했다. 작가들은 집요하게 따라붙는 말의 의미로 머리가 아프면 음악으로 도피했다. 음악은 그들에게 예술적 모범이 되었다. 순수 문체, 순수 예술 그리고 순수 형식. 이 원리들은 모더니스트 작가와 아방가르드 작가들이 공통적으로 주장한 예술의 자율성에 대한 철학적 토대가 되었다.

하지만 색소폰으로 부는 네 개의 '순수한' 음은 예술의 자율성이라는 이상을 표현하기엔 다소 엉뚱하게 들린다. 사르트르는 이 네 음을 모더니즘의 수사학에 통합시키는데, 이것은 재즈의 방식과 낭만주의 음악, 사르트르의 관계 모두에 상반된다. 왜냐하면 순수 예술은 언어와 감정의 세계에서 빠

---

19 Fermata ☞ [⌒]기호로 표기하며 악보에서 음표나 쉼표에 붙어 본래 박자보다 길게 늘여 연주하도록 지시하는 기호다. 얼마나 길게 연주할지 정해져 있지 않고 연주자의 해석에 맡긴다.

져나와 자신만의 고유한 법칙을 따르며 그 자체로 완벽한 형식이자 시간성이기 때문이다.

재즈 연주가 자아내는 흥분과 감정적 교감은 순수 예술과 동떨어져 있다. 하지만 로캉탱을 매료시킨 이 음악적 경험이 라이브 연주가 아닌 녹음된 음반에서 나왔다는 점이 의미심장하다. 녹음된 음반을 듣는 동안 감상자와 음악 사이에는 독점적인 관계가 형성된다. 감상자는 음악이 실제로 연주되고 있는 녹음실 현장과 공간적으로 완벽히 분리되어 있다. 감상자는 녹음된 연주를 듣는 동안 상상력을 동원해 연주자를 자신과 동일시한다. 그리고 사르트르의 머리 안에서는 연극 무대가 펼쳐진다. 역할극을 위해서라면 음악적 순수성 따위는 중요하지 않다. 사르트르는 로캉탱이 자신과 동일시하고 싶어 했던 이 재즈 작곡가를 뉴욕 맨해튼의 아파트 21층에 사는 어느 유대계 뉴요커로 묘사한다.

> *새까만 눈썹의 미국인이 가쁜 숨을 몰아쉰다. 땀은 볼을 타고 흘러내리고, 셔츠 바람으로 피아노 앞에 앉아 입안 가득 담배 연기를 머금은 채 머리 속으로는 멀어져가는 멜로디의 환영을 떠올리고 있다.*
> *'머지않아서' 톰은 바지 뒷주머니에 포켓 위스키를 꽂고 나타난다. 그러면 그 둘은 가죽 소파에 앉아 위스키가 출렁이도록 잔에 가득 부어 마실 것이다. 불처럼 뜨거운 위스키의 목넘김에 이내 정신을 잃고 무겁게 짓누르는 잠의 유혹에 빠져든다.*

*그렇게 되기 전에 먼저 이 멜로디를 적어놓을 것.*
'머지않아서' 축축해진 손으로 피아노 위에 놓인 연필을 집어 든다. "머지않아서 당신은 내가 그리워질 거야."

〈머지않아서〉는 이렇게 탄생했다. 이 곡은 자신의 창조주로 눈썹이 숯처럼 새까만 유대인의 지친 몸을 택한 것이다. 왜 나를 택하지 않았을까? 그는 힘없이 연필을 들었고 땀방울은 반지가 끼워진 손가락을 타고 종이 위에 떨어졌다.

노래는 유대인이 작곡했고 '허스키한 목소리의 흑인 여자'가 노래했다. 1930년대 말 인종주의적인 이데올로기에 비춰봤을 때, 재즈처럼 타락한 예술이나 만드는 열등한 존재로 치부된 흑인의 목소리가 색소폰의 순수성에 균열을 내고 있다. 하지만 사르트르가 이 곡을 소재로 지어낸 이야기는 엉터리였다. 사르트르 연구자이자 재즈 비평가인 미셸 콩테에 따르면 이 래그타임[20] 곡은 유대인이 아닌 아프리카계 미국인 셸튼 브룩스가 작곡했으며 노래는 흑인 여성이 아닌 백인 여성이 불렀다고 한다. 그리고 충격적인 사실은 관악기 소리의 정체가 색소폰이 아니라 클라리넷이었다는 점이다. 어쩌면 사르트르가 존 더스 패서스의 소설이나 영화를 보며 형성된 미국에 대한 이미지에 작가적 상상력을 동원해 가공한 이야기였는지도 모른다. 이야기가 온통 클리셰로 가득하다는 점

---

20 Ragtime ☞ 1870년대 미국 미주리주의 술집에서 유행하던 피아노 연주 스타일. 당김음을 많이 구사해 한 마디 안에서도 센박과 여린박이 자주 뒤바뀐다. 재즈의 원류라고 평가되지만 즉흥연주는 거의 하지 않고 악보 대로 연주한다.

이 이에 대한 증거일 수 있다.

사르트르는 1945년 뉴욕 방문 때 처음으로 재즈 클럽의 분위기를 접한다. 뉴욕의 닉스[21]는 그가 몽파르나스에서 자주 드나들던 컬리지 인(*College Inn*)과는 사뭇 달랐다. 사르트르는 밤새도록 술을 마시고 라이브 연주에 취하는, 담배 연기 자욱한 이 세계에 심취했다. 그리고 "재즈는 바나나처럼 그 자리에서 까먹어야 한다"는 유명한 말을 남기고는 재즈를 더 이상 레코드판으로 듣지 않았다.

영감이 가득 차올랐을 때는 사람들이 한때 바그너에 관해 했던 이야기를 반복하며 영화와 마찬가지로 재즈를 '미래의 음악'으로 정의했다. 다시 파리로 돌아온 사르트르는 미셸과 보리스 비앙의 소개로 찰리 파커와 마일즈 데이비스를 만난다. 사르트르는 재즈 뮤지션을 매우 독창적인 예술가로 여겼다. 재즈 뮤지션은 연주자도 작곡가도 아니었다. 그들은 스스로 악기였고 작품이었다. 그는 존 콜트레인에 관해 이러한 말을 남겼다.

*그가 무대로 올라간다.*
*그는 아무개로 불렸고 자신의 악기를 연주한다.*
*뮤지션의 이름은 재즈 작품의 한 부분이다.*

재즈 뮤지션은 음악 스타일 혹은 작품, 그 이상의 존재다. 존 콜트레인은 사르트르가 그토록 알기 원했고 살고 싶었던 삶을 살고 있었다.

✳

　그렇다면 사르트르는 되다가 만 재즈 뮤지션일까? 쇼팽을 꾸준히 연주해온 이에게 재즈는 현실의 음악이 아닌 상상의 음악으로 다가온다. 사르트르는 새로운 레퍼토리를 개발한 후에도 여전히 클래식의 울타리에 머물렀다. 록이나 팝 음악에는 시큰둥했지만 쇤베르크는 좋아했다. 즉흥연주를 좋아했지만 그가 구사하는 애드리브는 언제나 낭만주의적 화성 안에서 이뤄졌을 뿐이다. 사르트르는 쇼팽이나 베베른 스타일로 즉흥연주 하는 것을 즐겼고 종종 아를레트에게 녹음하라고 시키기도 했다. 혁신적인 연주를 추구했던 것은 아니다. 그저 자신만의 느낌을 표현하려고 애쓰며 자유롭게 변화하는 멜로디와 화성을 즐겼다. 이러한 연주는 그를 권력 없는 세계로 인도했고 선형적인 시간성에서 벗어나도록 해주었다. 자유롭게 피아노를 치는 동안은 작가로서 느끼는 사회적 역할에 대한 의무감도 과감히 벗어 던졌다.

　사르트르가 작곡한 곡은 거의 없다고 할 수 있다. 드뷔시 스타일로 작곡한 소나타 정도가 전부였고, 그는 이것을 개인적인 연습 정도로 가볍게 여겼다. 드뷔시가 불규칙한 간격의 음을 사용하는 독창적인 작곡법을 선보인 것과 달리, 사르트르는 전통적인 소나타 형식을 고수했다.

　프로페셔널 연주자도 작곡가도 아니었지만, 사르트르는 어린 시절부터 꾸준히 연습해왔기 때문에 피아노를 꽤 능

---

21　Nick's ☛ 1940년 뉴욕에 문을 연 재즈 클럽. 마일즈 데이비스, 존 콜트레인이 공연을 마친 후 들르곤 했다고 전해진다.

숙하게 다뤘다. 그의 음악 활동에서 주목해야 할 점은 사실 따로 있다. 평생 피아노 연습을 그만두지 않은 끈기 그리고 문학과 철학, 정치 등 다방면에 걸쳐 활동하면서 피아노 연주를 병행한 점이나. 사르트르는 새로운 예술이라면 그것이 무엇이든 상관 않고 비상한 관심을 쏟았다. 그런 면에서 본인의 성향과 어울리지 않는 음악 취향을 가졌다는 점은 흥미롭다. 하지만 아마추어 피아니스트에게 음악은 지식이나 단어의 집합이 아니기 때문에 사르트르가 어떤 레퍼토리를 가졌는지는 관심거리가 아니다. 중요한 것은 취향이 아니라 연주하는 행위 그 자체이다.

음악은 감정과 시간을 내포하기에 언어화의 단계를 거치지 않는다. 악보를 읽기 위해서는 리듬과 지속이 요구되는데, 리듬과 지속은 현실과의 연관성, 심지어 인간 관계마저 해체시킨다.『구토』의 어느 한 장면에는 레코드판이 돌고 있는 축음기가 등장하는데, 거기에서 음악은 세계의 역겨움을 잘라내는 칼날로 묘사된다. 축음기 바늘의 단단함을 칼날에 비유한 셈이다. 하지만 정작 사르트르 자신은 음악을 이런 식으로 경험하지 않았다. 그는 피아노 연주가 생성하는 시간성의 미묘한 흔들림을 좋아했는데, 이것은 아도르노의 미학 이론처럼 문자 안에 그 의미를 모두 구겨 넣을 수 없는 성질의 것이었다. 이렇듯 철학과 음악은 사르트르 안에서 독특한 방식으로 연결된다.

**오프비트 피아노**

※

　음악은 활동이고 삶의 기질이다. 음악의 실존적 가치를 높이 산 또 다른 사상가가 있다면 그는 니체일 것이다. 니체는 사르트르의 텍스트 전반에 밀반입 되어 있다. 귀족적 사상가인 니체와 반엘리트주의를 표방한 사르트르는 모든 면에서 반대되는 것처럼 보인다. 사르트르가 자신의 니체주의자 친구에게 물을 끼얹으며 "차라투스트라는 이렇게 오줌 쌌다"고 소리쳤던 일화를 기억할 것이다. 그런데도 니체와 사르트르는 모두 쇼팽을 애정했다. 그게 무슨 별일이냐며 대수롭지 않게 여기는 사람도 있을 것이다. 하지만 이것은 많은 점, 어쩌면 모든 점을 시사한다. 니체는 모든 생명이 "취향과 미각을 둘러싼 다툼"이라고 말한다. 페르골레시, 라모, 베토벤, 로시니, 바그너 그리고 비제, 쇤베르크, 스트라빈스키, 글렌 굴드, 상송 프랑수아 중에서 누구를 좋아하는지는 그 어떤 설명보다도 강력하게 그 사람이 누구인지를 말해준다.

　사르트르는 훌륭한 피아니스트이자 작곡가, 철학자였던 니체를 절대 모른 척 지나칠 수 없었다. 특히 문학가의 길과 철학자의 길 사이에서 방황하던 스무 살 때는 더욱 그랬을 것이다(물론 그때도 피아노 연습은 그만두지 않았다). 니체, 바그너, 코지마[22] 사이의 폭풍 같은 관계에 영감받아 소설을 구상할 정도였다. 젊은 시절 사르트르는 언제나처럼 풍자와 공

---

22　Cosima Wagner(1837~1930) ☛ 이탈리아 출생. 프란츠 리스트의 딸이자 바그너의 둘째 부인으로 유명하다. 바그너가 그녀와 결혼하기 전에는 독일의 유명한 지휘자 한스 폰 뷜로(Hans von Bülow)와 결혼 생활을 했다.

감을 오가며 캐릭터를 창조했다. 그렇게 창조된 캐릭터 중에 프레데릭이란 인물이 있다.

　소설 『어떤 패배』(*Une Défaite*)의 주인공 프레데릭은 사범학교 학생이다. 권력 의지에 사로잡힌 인물로 묘사되는 이 캐릭터는 작가이자 작곡가인 리샤르 오르강트를 존경했고 그에 관한 책을 쓰고 싶어 한다. 오르강트는 유명 인사였고 나르시시스트였다. 어느 날 오르강트의 집에 초대받은 프레데릭은 그의 부인 코지마에게 반한다. 어린아이처럼 천진한 그녀는 프레데릭이 자신의 성적 판타지를 충족시키게 내버려두었고 심지어 가정 교사로 고용하여 자신의 아이들을 가르치게 한다. 한편, 위대한 마에스트로 오르강트는 천재라기보다 약간의 재능이 있을 뿐 평범한 사람이었다. 스스로를 차세대 철학의 선구자로 여겼던 프레데릭은 그런 오르강트의 본모습에 실망한다. 결국 오르강트 내외는 프레데릭과 관계를 끊는다.

　자신을 천재로 여기는 주인공은 젊은 시절의 니체를 떠올리게 한다. 첫 번째 대작인 『비극의 탄생』을 쓰는 동안 니체는 리하르트 바그너의 열렬한 추종자였다. 하지만 바그너와 그의 아내 코지마는 니체의 음악과 야망을 경멸했고, 코지마는 니체를 이중적인 태도로 대했다. 결국 니체는 바그너 커플과 결별한다.

　사르트르는 한동안 이 일련의 사건에 지대한 관심을 두었다. 사르트르 가문에게 코지마 바그너는 완전히 낯선 인물이 아니었다. 외당숙 알베르트 슈바이처가 바이로이트를 방문했을 때 노년의 코지마를 만나 친분을 맺은 일이 있었기 때문이다. 사르트르는 자신이 욕망해오던 성숙한 여성상을 그녀에게 덧씌웠다. 그리고 그녀의 남편 바그너는 소설 속 인물 오르강트를 통해 풍자되고 있다. 오르강트는 사르트르 자신의 반게르만적 감정이 투사된 캐릭터라고 볼 수 있다. 사르트르가 슈바이처 가문을 얼마나 역겨워했는지 짐작할 수 있는 대목이다.

> 그 독일인 거장은 턱을 과장되게 움직이며 이가 다 드러나 보일 정도로 흉측하게 입술을 벌려 노래한다. 갑자기 영감이 떠오른 그는 피아노로 달려가 노래한다. 그리고 거만한 목소리로 이렇게 흥얼댄다.
> "트라 랄라 트라 랄라…… 랄라라. 그리고 이렇게, 그다음엔 빠밤."

'게르만 족속다운 싸구려 놀음'을 묘사하는 사르트르의 이 글은 니체가 바그너와 결별한 후 쓴 글이라 해도 믿을 정도로 잔인하다. 사르트르는 니체가 느꼈던 혐오감에 동조한 것일까? 대작을 탄생시키기 직전의 이 철학자에게서 자신의 모습을 본 것인지도 모른다. 소설 속에서 프레데릭은 엠페도클레스에 관한 글을 쓰기 직전이었다. 그는 이 작업을 통해 자신의 천재성을 증명하고 개인적 실패를 승리로 탈바꿈시키고자 했는데, 사르트르는 이 영웅신화적 서사를 맹렬히 비판한다.

피아노를 연주하는 이 두 철학자 사이의 유사성은 젊은

시절의 몽상과 감정, 야망에만 국한되지 않는다. 니체와 사르트르의 유사성은 찬미와 풍자에 뿌리를 둔 오염된 상상에서도 드러난다. 사르트르가 프레데릭이라는 인물을 통해 실행한 우상 파괴 놀이의 이면에는 그가 시대와 맺었던 양가적 관계가 깊숙이 자리한다. 모든 기성 가치를 전도시켜 세상을 변화시키기 위해서는 일시적 멈춤과 불규칙한 심장박동, 그리고 자신에게만 있는 독특한 템포가 요구된다. 사르트르에게는 피아노 연주가 일시적 멈춤이었고 불규칙한 심장박동이었으며 독특한 템포였다.

— 2007년 봄, 생드니 드라리베르테 거리에서

*Friedrich Nietzsche*

III

# 나는 왜 이렇게 훌륭한 피아니스트인지

음악 없는 삶은 오류다.

우리 중 누군가는 거실이나 현관에 니체의 이 문장을 액자로 만들어 걸어놓았을 것이다. 니체가 남긴 유산은 이렇게 예상치 못한 곳에서 발견되곤 한다. 철학과 친숙하든 그렇지 않든 음악을 사랑하는 모든 사람은 이 잠언을 알고 있고, 니체가 음악을 각별하게 여겼다는 사실 또한 잘 알려져 있다.

니체가 활동하던 당시 그의 저서는 많이 읽히지 않았다. 그는 친구들에게 보내는 편지에서 백 년, 혹은 오백 년, 어쩌면 천 년은 지나야 자신의 작품을 위한 기념비가 세워질 것이라고 예언했다. 이러한 자신감의 근거는 자신이 쓴 책이었지만, 정작 본인은 음악 활동으로 세상에 알려지길 원했다. 문헌학자이자 철학자였고 피아니스트이자 작곡가였던 니체는 늘 직업 음악가로서의 삶을 꿈꾸었다. 실패한 작곡가라는 세간의 평가에도 불구하고 음악에 대한 그의 생각은 변하지 않았다. 니체 연구가들 사이에서는 음악이 니체 철학에 어떤 기준을 제시한다는 시각도 있다. 그렇다면 니체는 철학으로 돌아선 실패한 음악가였을까 아니면 철학을 예술로 승화시킨 철학하는 음악가였을까?『차라투스트라는 이렇게 말했다』는 한 편의 숭고한 교향시가 아닐까?

니체의 삶은 이러한 질문들로 넘쳐난다. 음악을 사랑했던 쇼펜하우어와 니체 덕분에 음악은 철학에 있어서 특권적 지위를 얻었다. 그뿐만 아니라 미학적, 형이상학적 쟁점이었고 이상이었으며 인간의 모든 활동과 가치를 판단하는 시금석이 되었다. 그래서 니체를 공부하는 사람들은 수수께끼 같은 니체 텍스트의 비밀을 풀 열쇠를 찾기 위해 그가 했던 음악과 관련된 언급들을 악보처럼 죽 늘어놓는다. 바그너와의 떠들썩했던 관계는 철학뿐만 아니라 예술의 의미와 미래에 있어서도 중요한 점을 시사한다.

이 둘의 관계에 대한 연구는 텍스트를 기반으로 한 이론적 단계에 오랫동안 머물러 있었다. 그러던 중 쿠르트 파울 얀츠[23]는 니체가 작곡한 곡들을 출판했다. 그 덕분에 악보를 읽을 줄 아는 독자들은 니체의 음악 세계를 조명함으로써 이제까지 몰랐던 그의 새로운 면모를 발견할 수 있게 되었다. 비록 니체의 음악이 음악사에 큰 획을 그을 정도로 위대한 것은 아니지만 그 양적인 풍부함은 세상의 관심을 끌기에 충분하다. 무려 70곡이 넘는 그의 작품—가곡, 교향곡, 합창곡, 다양한 형식의 피아노곡—이 철학과 상관없는 부차적인 취미였을 리 없다. 오히려 그가 남긴 음악은 니체 철학 전체, 그리고 철학적 변화의 핵심이다. 음악이 그의 철학에 끼친 결정적 역할을 논하기 위해서는 우선 니체의 음악을 들어봐야 한다.

※

우리는 피아니스트 니체를 조명하고, 피아노가 그의 취향과 감수성, 상상에 미친 영향에 주목할 것이다. 니체는 어떤 작곡가의 곡을 연주했으며 어떻게, 언제 그리고 누구와 함께 연주했을까? 일상생활에 대해서는 말을 아꼈던 니체지만 그의 주변 인물들이 했던 말과 간접적인 암시를 통해 니체의 사생활 일면을 알 수 있다.

피아노 연주를 통해 니체에게 한발 다가서기 위해서는 음악과 관련된 저술이나 창작에 대한 논의는 일단 뒤로 미루어야 한다. 음악에 관해 글을 쓰거나 작곡하기 전에는 니체도 여느 아마추어 피아니스트처럼 특정 레퍼토리를 통해 음악을 배우는 과정을 거쳤기 때문이다. 니체의 음악적 저술과 작곡에 대해서는 피아노에 대해 이야기할 때 다시 하게 될 것이다. 니체가 음악에 거의 무관심했다고 주장하는 비평가도 더러 있다. 관련 문헌이 부족한 탓일까, 아니면 음악적인 이야기를 하기에 말할 거리가 별로 없어서였을까? 이런 질문을 던짐으로써 니체를 둘러싼 몇몇 오해를 바로잡을 수 있다.

---

23　Curt Paul Janz(1911~2011) ☞ 스위스 태생의 음악가. 1978년에는 3권으로 이루어진 니체 전기를 쓰는 등 니체에 관한 다수의 저술을 남겼고, 니체의 음악이 콘서트홀에서 연주될 수 있도록 많은 노력을 했다.

니체는 아홉 살 무렵부터 피아노를 배우기 시작했다. 특히 바흐와 헨델, 하이든과 모차르트를 좋아했다고 한다. 피아노 레슨을 시작하고 2년 만에 베토벤 피아노 소나타를 연주할 정도로 재능도 있었다. 목사였던 할아버지와 아버지의 영향으로 어려서부터 오르간 음악과 합창곡을 들으며 컸지만 네 살이 되던 해에 아버지를 여읜 뒤로는 어머니와 여동생에 둘러싸여 피아노를 쳤다. 훗날 니체는 아버지에 관한 꿈을 꿀 때마다 아버지는 오르간 소리가 울려퍼지는 교회 안에 있었다고 고백한다.

니체는 아무도 없는 공간에서 피아노를 연주하는 고독한 시간을 좋아했다고 알려져 있지만, 때로는 사람들과 어울리기 위해 피아노를 치기도 했다. 니체에게 피아노 연주는 상대방에게 친밀함을 표현하는 방법이었다. 자신이 작곡한 곡의 악보에 연주 시 반드시 따라야 할 지시사항을 상세하게 써서 여동생 엘리자베트나 음악을 좋아하는 친구들—구스타프 크로그와 에르빈 로데, 프란츠 오버베크, 페터 가스트로 알려진 하인리히 쾨젤리츠—에게 보내는 식이었다. 네 손을 위한 피아노곡과 두 대의 피아노를 위한 곡을 작곡하여 함께 연주하며 우정을 나눴다. 니체에게 피아노 연주는 둘이 함께하는 것, 다른 이를 위해서 하는 것 그리고 함께 듣는 것이었다.

니체가 주변 사람들과 주고받은 방대한 분량의 서신을 보면 자신이 연습 중인 곡에 대해 자주 말했다는 것을 알 수 있다. 직접 작곡한 곡이든 다른 작곡가의 곡이든 작품과 소통하면서 스스로 어엿한 작곡가가 된 듯한 기분에 행복했으리라.

한번은 이곳저곳을 떠돌아다니다가 어느 볼품없는 하숙집에 묵게 됐다. 니체는 낯선 방에서 느낀 고독의 순간을 떠올리며 당시 사용하던 피아노의 상아색 건반과 마호가니 몸체에 대해 이야기했다. 그는 오직 이 피아노와 자신이 연주했던 곡의 작곡가들을 통해서만 새로운 공간의 낯선 공기를 익숙한 공기로 연출할 수 있었다고 말했다. 니체는 언제 어디에 있든지—학창 시절을 보냈던 포르타, 본, 라이프치히에서도, 그리고 말년에 머문 제노바와 로마, 니스, 토리노에서도—자신만의 공간을 창조했다. 곁에 두고 싶은 가족, 즉 니체가 좋아한 작곡가들은 니체 자신이 직접 택해야 했음은 물론이다.

1889년 토리노. 마차가 진창에 빠지자 마부는 말에게 채찍질을 한다. 꼼짝 않고 맞고 있는 말을 본 니체는 뛰어가 말의 목덜미를 끌어안고 흐느껴 운다. 대다수의 니체 전기는 여기서 멈춘다. 니체의 광기가 절정에 달했던 이 시기를 편의상 '붕괴'라고 부른다. 니체가 정신과 치료를 위해 다시 바젤로 보내지고 나서는 읽거나 말할 거리가 하나도 없다. 니체의 마지막 11년에 대해 사람들이 말하는 것은 두 가지, 그가 앓았던 질병의 정체에 관한 이야기와 나치의 대의명분을 위해 오빠의 지적 유산을 유린한 엘리자베트뿐이다. 니체의 광기에서 비롯한 이 드라마는 매독, 뇌종양, 정신이상, 유전적 퇴화 같은 근거 없는 이야기를 낳았다.

그러나 우리는 말년의 니체가 보인 모순된 언어나 실어증조차 그의 피아노 연주를 멈추지 못했다는 사실을 놓치고 있다. 예나의 한 정신병원에 구금된 뒤로도 니체는 매일 두 시간씩 식당에 있는 업라이트 피아노 앞에 앉았다. 여전히 영감으로 가득 찬 멋들어진 연주를 선보였기에, 쾨젤리츠는 자신의 친구가 미친 척하는 건 아닌지 의심하기까지 했다. 오버베크는 함께 산책 중이던 니체가 옆에 지나가는 개나 사람을 치려고 할 정도로 정신이 쇠약했지만 자신과 대화하려고 얼마나 많이 노력했는지 우리에게 알려준다. 그때 니체에게는 이미 타인과 대화하기 위한 단어가 하나도 남아 있지 않았다. 오직 음표라는 숭고의 언어만 간신히 붙잡고 있었던 것이다. 굳게 닫힌 입과 살아 움직이는 두 손. 빈 종이 위를 서성이던 니체의 손은 이제 피아노 건반 위로 옮겨간다.

∗

니체는 평생 단 한 명의 여인을 사랑했다. 릴케의 뮤즈였고 프로이트의 연인이기도 했던 루 살로메. 팜프파탈의 전형인 이 여성에게 니체는 열광했고, 그녀와의 우정을 파울 레(*Paul Rée*)와 공유해야 한다는 사실에 실망했다. 그녀는 자신의 책에서 "니체의 손은 그 무엇과도 비교할 수 없이 아름답고 섬세하다"고 묘사한다. 이 감각적인 묘사는 피아노 건반 위에 놓인 니체의 두 손에서 받은 영감으로 나왔을 것이다. 니체의 손은 살로메의 살결을 어루만졌을까? 니체의 손에 대해 우리가 알고 있는 것은 무엇일까?

루 살로메는 니체의 손을 종이 위에 생각을 옮겨 적는 철학자의 손으로만 여기지 않았다. 그랬다면 니체의 손이 건반 위에서 그리는 여성스러운 움직임과 부드러움을 그렇게까지 강조하지는 않았을 것이다. 아마도 살로메는 그의 민첩하고 부드러운 몸놀림에서 신체적 매력을 느끼지 않았을까? 니체는 『선악의 저편』에서 사람들이 자신의 감정을 숨기기 위해 손으로 얼굴을 가리는 습관이 있다는 사실에 주목했다. 그는 손이 얼마나 자주 자신의 주인을 배신하는지 관찰했다. 손의 위치와 모양, 흉터는 기이한 풍경을 자아낸다.

손은 그 사람에 관해서 많은 것을 말해준다. 피아니스트보다 이를 더 잘 아는 사람이 누가 있을까? 몇몇 증언들은 니체의 피아노 연주가 박력이 넘치는 동시에 현란하게 내달리는 스타일이었고, 정확한 연주보다 느낌을 전달하는 것을 중시했다고 말한다. 니체는 자신의 피아노가 최대한 날것 그대로의 소리를 담아 거칠고 크게 울리기를 바랐다.

슈만의 멜로디를 연주할 때와 바그너의 곡을 연주할 때, 피아노는 각기 다른 방식으로 연주된다. 피아노는 오케스트라에 가장 가까운 악기다. 니체의 절친한 친구이자 훗날 로마에서 루 살로메와의 만남을 주선하는 말비다 폰 마이젠부크는 니체의 연주가 폭넓고 다성적이었다고 회상한다. 각 성부(聲部)의 독립성을 선명하게 들려주는 연주. 이는 분명 어떤 특정 곡과 관련 있다. 한창 바그너 음악에 심취해 있던 니체가 작곡한 곡을 들어보면, 피아노의 모든 음역대에서 울림과 화성적 변화를 강조했다는 사실을 알 수 있다.

니체의 손은 웅변적이다. 작곡가가 전달하려는 메시지를 대신 말해준다. 그뿐만 아니라 니체의 정신에 상응하는 스타일도 갖추고 있다. 양손은 각자 맡은 역할이 있다는 니체의 말은 단지 테크닉적인 영역에서만 유효한 것이 아니다. 그것은 음악에 대한, 그리고 언어가 문화와 맺는 관계에 대한 총체적 이해를 담고 있다. 1881년에 니체는 이렇게 썼다.

*피아노에서 가장 중요한 것은 노래가 노래하게 하고
반주가 반주하게 하는 것이다.*

니체는 스스로 바그너의 영향권에서 벗어났고 멜로디와 노래, 밑바닥에 깔린 화음을 또렷하게 구분했던 예전 연주 스타일로 돌아왔다. 더 이상 누구도 악보의 지시사항을 무시해서는 안 되며, 신경질적으로 치는 것도 허용돼서는 안 된다. "음악은 노래해야 한다." 니체는 이 명제를 생리적 요구이자 철학적 무기로 받아들였고 끝까지 고수했다. 그렇다면 니체에게 이런 신념을 새겨넣은 작곡가는 누구였을까?

✳

니체의 음악 취향에 관한 연구 대부분은 바그너와 비제에 치우쳐 있지만 니체 본인은 쇼팽에 대한 애정을 거둔 적이 없다. 비평가들은 니체와 쇼팽의 관계에 왜 무심했을까? 이유는 간단하다. 이 낭만주의 작곡가에게는 철학적인 이야깃거리로 삼을 만한 것이 없었기 때문이다. 쇼팽은 독일인처럼 심각한 정신을 소유한 인물이 아니었다. 당시 사람들 입에 자주 오르내리던 음악적 담론과 거리가 멀었고, 니체가 드라마틱하게 풀어낸 예술적 전투 장면에서도 빠져 있다. 그렇다고 쇼팽이 이룬 음악적 위업이 저평가되는 일은 없을 것이다. 그의 작품들이 이론적 분석보다는 감상과 연주의 기쁨을 느끼기에 더 적합하다는 사실이 쇼팽을 덜 중요한 예술가로 만드는 것 또한 아니다. 어떤 작곡가들은 니체에게 찬사와 비난을 모두 받았다. 그러나 쇼팽만큼은 한결같이 사랑받았고 연주되었다. 니체가 살면서 기쁨과 감사를 느낀 순간마다 그의 곁에는 쇼팽이 있었다.

니체는 쇼팽의 진가를 알아봤다. 그는 쇼팽을 사모했고 때로는 자신과 동일시했다.「방랑자와 그의 그림자」에서 쇼팽은 예술의 왕자로 묘사돼 있다.

> *레오파르디와 마찬가지로 쇼팽을 제외하면 '누구도 따라할 수 없는'이란 형용사를 붙일 자격이 있는 작곡가는 없다. 라파엘로가 가장 단순하고 전통적인 색을 써서 고결함을 보여준 것처럼, 쇼팽은 멜로디와 리듬의 가장 원초적인 형태를 사용해서 라파엘 같은 기품을 보여준다. 궁중의 예법 속에서 태어난 사람처럼 그는 자유로이 유희하고 춤춘다. 그리고 우리를 속박하는 것들에 일말의 시선도 주지 않고 섬세하며 우아한 정신을 만들어낸다.*

자유, 아름다움, 우아함……. 쇼팽은 음악사에서 예외적이고 비교불가한 사건이다. 니체는 온갖 미사여구를 동원해서 쇼팽에게 최고의 찬사를 바친다. 이러한 찬사 뒤에는 자유와 규제를 연관시키고, 단순함과 고상함을 결합하는 미학에 관한 서술이 이어진다.『비극의 탄생』에서 바그너를 고대 그리스 정신과 연결했을 때처럼 명확하지는 않지만 니체는 암시적으로 비극의 개념을 다시 이어간다. 진정한 자유와 힘은 자신의 운명을 겸허히 받아들였을 때 주어진다. 그리고 자유를 제한하는 조건들을 제대로 이해했을 때 위대한 창작이 가능하다.

　작곡가로서 쇼팽은 관습을 타파하거나 극복하려고 애쓰지 않았다. 굳이 근엄한 표정을 지어보이지 않아도 귀족적 고결함을 잃지 않는 왕자처럼 관습을 마음껏 가지고 놀았다. 쇼팽은 언제나 단순한 형식의 우아함을 추구했으며 섬세하고 은은하게 멜로디를 발전시켰다. 과잉된 감정, 범람하는 스타일로 뒤덮인 음악과는 완전히 반대쪽에 있는 음악이며 쇼팽이 바그너와 다른 이유이기도 하다.

　음악적 형식이 가질 수 있는 가장 고상한 의미를 쇼팽에게서 찾았다는 글은 니체가 메모한 노트에 적혀 있다. 이 노트는 니체가 바그너와 절연한 1878년에 기록된 것으로 쇼팽에 대한 니체의 충성심을 증명한다. 그때만 해도 바그너에 대항하기 위한 미학적 체계가 확립되기엔 이른 시기였다. 이 시기의 니체는 슈만을 '노처녀'라고 빈정댔고 쇼팽을 연주하는 즐거움에 심취해 있었다. 훗날 비제를 발견하기 전까지는 쇼팽을 바이로이트의 거장을 대체할 유일한 인물로 꼽았다.

　니체는 왜 자신에게 영감을 준 슈만을 심한 말로 비난했을까? 여기에서 낭만주의의 문제가 나타난다. 그는 슈만을 19세기 초 프랑스인과 독일인이 선망했던 구시대적 젊은이의 화신이라며 비웃었다. 병약하고 감상적이며 울먹거리는 낭만주의적 클리셰 덩어리라고 여겼던 것이다. 니체는 그런 슈만에게서 자신의 모습을 보았기 때문에 그를 더욱 멀리해야만 했고, 그럴 수밖에 없었다. 하지만 붕괴 시기의 니체를 떠올리면 또다시 슈만이 어렴풋하게 보인다. 그가 겪은 우울과 광기가 슈만 특유의 낭만주의 밑바닥에 자리한 병적 증상과 맞닿아 있는 것처럼 보이기 때문이다.

니체는 슈만과 닮은 자신의 과거를 떠올리면서 청년 시절에 지나치게 어둡고 절망적인 낭만주의 스타일로 연주했다고 회고했다. 비관론자로 살았던 청년기를 자책했지만 언제나 음악과 눈물을 연관시켰다. 연주회에서 음악을 듣다가 감정이 격해져 눈물을 흘렸다는 이야기가 니체의 편지에 자주 등장하는 것을 보면 그가 감정 자체를 부정한 것은 아니었다. 슈만을 거부했던 것은 아마 내적인 유혹으로부터 스스로를 지키기 위해서였을 것이다. 니체는 슈만을 거부함과 동시에 바그너와의 관계도 청산한다. 표면적으로 바그너는 슈만을 포함한 다른 낭만주의 작곡가와 큰 연관이 없어 보이지만, 니체는 바그너를 낭만주의를 극단으로 밀어붙인 예술가로 보았다.

낭만주의자 중의 낭만주의자 바그너. 그는 발작에 가까운 격정, 불안정한 자아를 추구하는 성향, 독일 정신 특유의 우울한 심연을 데카당으로 이끌었다. 더 나아가 게르만 민족 특유의 전통과 혈통을 드높이며 자신의 병든 낭만주의적 취향이 더 좋은 취향이고 진보한 취향이며 완성된 취향이라는 주장을 관철시켰다. 그러나 쇼팽은 마치 달의 뒷면처럼 니체가 이 세계에서는 볼 수 없었던 낭만주의의 다른 얼굴을 하고 있었다. 음울하고 병적인 것에 탐닉하는 낭만주의 특유의 멜랑콜리에서 쇼팽만큼은 예외였다.

✸

니체는 마음 속에 상상의 지형도를 그렸다. 이 지형도에서 쇼팽은 이탈리아 쪽에 위치한다. 쇼팽의 음악에는 이탈리아 특유의 경쾌함과 단순함, 우아함이 깃들어 있다. 북쪽의 독일이 아닌 남쪽 지중해를, 안개가 짙게 깔린 날 대신 건조하고 화창한 날을 떠올리게 한다. 쇼팽은 라파엘로, 레오파르디와 같은 고향 사람이라 할 수 있고, 슈만보다는 로시니, 벨리니에 더 가까웠다. 비록 슈만은 쇼팽의 천재성에 모자를 벗어 경의를 표했지만 말이다.

한편 니체는 쇼팽과 모차르트, 쇼팽과 하이든을 연결짓기도 했다. 이 세 명의 작곡가가 이탈리아 오페라에 대해서 비슷한 취향과 정신을 공유한다고 본 것이다. 격한 감정에서 터져 나오는 처절한 울음소리가 오페라에서는 듣기 좋은 멜로디로 바뀌는 것처럼 이 셋은 비통한 정서의 음악을 발랄한 춤곡으로 승화시킬 줄 알았다.

쇼팽이 지닌 이탈리아적 특색은 니체가 각별히 좋아했던 〈뱃노래 F#장조 *Op.60*〉에서 잘 드러난다. 이 곡의 원형은 베네치아의 물길을 따라 유유자적하며 떠다니는 곤돌라와 곤돌리에가 부르는 노래에서 찾을 수 있다. 하지만 니체가 주목했던 것은 이탈리아적 모티프뿐만이 아니다. 쇼팽의 녹턴도 뱃노래와 마찬가지로 어떤 극적 효과를 추구하지 않으며 감정 자체에 잠식당하지 않고도 노스탤지어의 감성을 유지시킨다. 자유로이 넘실거리는 오른손의 아르페지오가 곡 전체의 균형을 잡는 동안, 왼손은 리드미컬한 움직임을 무너뜨리지 않으면서 여러 차례 조바꿈을 이끈다.

    뱃노래는 쇼팽이 동경했던 베네치아를 표상한다. 새 출발을 꿈꿨으나 좌절되고 프랑스로 유배당한 사람에게서나 볼 수 있을 법한 억눌린 매혹의 감정이 곡 전반에 묻어난다. 쇼팽은 이 곡을 노앙에 있는 조르주 상드의 집에 머물면서 썼다. 때는 이탈리아에 여행가기로 한 계획을 포기한 직후였다. 집으로 사람들을 초대해 놀기 좋아했던 상드 때문에 무리에 둘러싸여 그들을 위해 연주하기도 했고, 다락방에 올라가 혼자만의 시간을 갖기도 했다.

    상드의 집은 예술가들의 아지트였다. 이 아지트를 자주 드나들었던 인물 중에는 프란츠 리스트와 마리 다구도 있었다. 쇼팽과 상드처럼 이 두 사람도 음악가-작가 커플이었는데, 훗날 니체는 루 살로메와 이런 관계를 맺고 싶어 했다. 리스트는 그곳에 머무는 동안 베토벤과 슈베르트를 즐겨 연주했고, 감히 흉내낼 수 없는 솜씨로 즉흥연주를 하곤 했다. 사교성이 부족하고 무뚝뚝했던 쇼팽은 아래층에서 손님들이 당대의 위대한 철학과 정치 사상에 대해 토론하며 떠들썩한 파티를 벌이는 동안 홀로 다락에 틀어박혀 있었다.

    조르주 상드가 계획했던 것은 파리의 살롱을 그대로 노앙에서 재현하는 것이었다. 그러나 가장 가까운 도시 이름이

'라 샤트르'(*La Châtre*)**24** 따위인 이 촌구석으로 위대한 예술가들이 찾아올 리 만무했다. 발자크, 들라크루아, 뒤마, 고티에, 플로베르, 투르게네프 같은 이들을 끌어들이기 위해서는 매력적인 미끼가 필요했다.

프랑스 문학을 찬양해 마지않던 니체였지만 조르주 상드를 향해서는 '문체 좋은 젖소'라고 비아냥대며 불편한 감정을 숨기지 않았다. 니체는 그녀의 전원적이고 루소적인 측면, 민주주의자인 척하면서 귀족적으로 구는 것을 참지 못했다. 『우상의 황혼』에서 니체는 상드의 글을 이렇게 희화화했다.

> 나는 『어느 여행가의 편지』(*Lettres d'un voyageur*) 중 첫 번째 편지를 읽었다. 루소에게서 나온 것들이 다 그렇듯 이 글은 날조되었고 인위적이며, 겉만 번지르르한데다 과장돼 있기까지 하다. 이 알록달록한 벽지 스타일은 물론, 고귀한 감각에 대한 천박한 욕망 또한 참기 어렵다. 그중에서도 최악은 버릇없이 자란 소년의 남성성을 흉내내는 여자의 잘난 척이다. 이 감당하기 어려운 여성 예술가는 어찌 그리도 냉혹해야만 했나. 그녀는 시계 태엽을 감듯 자신을 조이면서 글을 썼던 것이다. 위고처럼, 발자크처럼 그리고 이제 막 작곡을 시작한 모든 낭만주의 작곡가들처럼 냉정하게! 이 글 쓰는 젖소는 *자기만족에 겨워 누워있기*를 좋아했으며, 제 스승인 루소처럼 쉬지 않고 써댔다. 그녀는 나쁜 의미로 독일적인 면모를 지니고 있었다. 만약 프랑스적 취향이 쇠락하지 않았더라면 그녀는 글 쓰는 사람이 될 수 없었을 것이다.

니체는 조르주 상드를 공격하면서 은근슬쩍 그녀의 예술가 동지 대(對) 이탈리아의 대결 구도를 만든다. 그가 좋아한 예술가는 스탕달이었다. 스탕달은 행복한 소수를 위해 글을 쓰는 이탈리아적인 세련미를 갖춘 소설가로, 발자크나 위고, 상드와는 정반대편에 있었다. 니체는 스탕달과 쇼팽을 한쪽에, 상드와 리스트를 다른 한쪽에 위치시켰다. 이런 식으로 예술가들 사이의 동맹관계를 재편성함으로써 상드와 쇼팽 커플에게 예술적 결별을 선고했다. 이탈리아를 독일 혹은 독일령 오스트리아와 대치시켰듯 이 둘을 대치시킨 것이다. 니체가 리스트를 '여자 꼬시기의 대가'라고 비꼬며 공격을 퍼부었을 때에도 쇼팽만큼은 불똥이 튀지 않도록 안전하게 보호해주었다. 니체는 쇼팽을 비굴한 독일 정신으로부터 되찾고 구원해낸 것이다. 앞서 말했듯 니체는 쇼팽의 뱃노래를 매우 즐겨 들었다. 뱃노래는 니체에게 예술적 일탈이었고, '이탈리아'라는 말의 어감에서 느껴지는 낯선 풍경과 영토 그리고 피난처를 상징했다.

✻

니체가 이탈리아적인 음악과 문화에 호감을 느낀 것은 단순한 취향을 넘어선 철학적 선택의 결과였다. 자신의 태생을 바꾸고자 했던 혈통에 대한 환상도 더불어 작용했음은 물론이다. 니체는 쇼팽의 이탈리아화를 통해 비로소 자신이 가

---

24 프랑스어로 '거세하다'는 뜻을 가진 동사 'châtrer'의 동음이의어.

장 좋아하는 작곡가를 지중해 문화로 끌어들일 수 있었다. 여기서 문제는 쇼팽이 폴란드 사람이라는 사실이다. 니체는 이에 대응하기 위해 이야기를 꾸며낸다. 아버지 쪽 조상 중에 폴란드 출신이 있다고 상상함으로써 자신의 기원을 쇼팽 가문이 살았던 동유럽으로 옮겨놓은 것이다. 한 세기 전 종교 박해를 피해 타국으로 떠나야 했던 귀족 출신의 개신교도 니츠키 가문이 바로 그 상상의 조상이다. 니체는 이렇게 자신에게 있던 독일적인 요소를 제거하기 위해 외국 혈통을 가문에 끌어들여 족보를 새로 만들었다.

『도덕의 계보』를 쓴 사람이 가문의 계보를 그런 용도로 이용했다는 점은 선뜻 납득하기 어렵다. 이를 두고 비범한 존재가 되고 싶어 안달이 난 한 인간의 욕망으로 해석할 수도 있을 것이다. 그러나 이러한 해석은 니체 철학의 중요한 두 가지를 모두 망각한 것이다. 첫 번째는 니체의 귀족주의가 인종과 관련 없다는 사실이고, 위버멘쉬(Übermensch)의 우월성은 혈통이 아닌 자신이 발 딛고 서 있는 지평에 있다는 것이 두 번째다.

이 책은 진리의 기원을 추적하는 대신 가치가 어떻게 퇴적되어 지금에 이르렀는지 조명함으로써 기존의 도덕 개념을 뿌리째 흔들고 있다. 니체가 폴란드 귀족을 조상으로 삼은 것은 자신의 태생적 우월함을 담보하려는 시도가 아니었다. 오히려 슬라브 계열의 유전자를 끌어들임으로써 자신의 독일적 유산을 희석하기 위한 것이었다. 니체가 니츠키 가문의 존재를 정말로 믿었는지, 믿지 않았는지는 중요하지 않다.

중요한 것은 그가 꾸며낸 이야기다. 이 이야기는 부재한 아버지, 억센 어머니와 누이를 니체 자신과 동일시하거나 타자화시키는 모든 것을 암시한다. 더 깊숙이 들여다보면 니체가 쇼팽과 국경을 초월한 연합을 이루기 위해 피로 맺어진 관계를 등진 이야기로도 읽힌다.

폴란드적 가치는 니체의 자아를 분열시킨다. 1822년에 쓴 짧은 글에는 자기 안에 폴란드 피와 독일 피가 같이 흐른다고도 말했다. 이 두 개의 혈통은 조화롭게 섞이기보다 서로 싸우고 자아를 여러 갈래로 나눈다. 니체의 상상에 따르면 폴란드 피는 반란과 관련된 것으로, 군중과 통념에 반대하고 개인과 천재를 옹호한다. 니체가 떠올린 폴란드의 영웅은 코페르니쿠스와 쇼팽이었다. 당시의 시대적 상식에 반하는 지동설을 주장했던 코페르니쿠스는 지식을 변모시키는 자유 정신, 즉 차라투스트라의 전형이라고도 할 수 있다. 하지만 니체가 그에게 주목했던 것은 인류 최초로 지동설을 주장했다는 업적에 있지 않다. 니체가 높이 평가한 것은 자신의 시대와 자기 자신에 맞서 생각할 수 있었던 그의 능력이다.

이제 니체가 자신과 동일시했던 폴란드인, 쇼팽에 관해 이야기해보자. 니체는 쇼팽을 독일 음악, 그중에서도 베토벤의 영향으로부터 음악을 해방시킨 예술가로 평가했다. 특히 그의 음악에 자주 등장하는 불협화음은 니체가 찬양했던 반역의 표상이었다. 쇼팽은 1830년 바르샤바에서 일어났던 11월 봉기에 직접 참가하기도 했다. 조국에 대한 사랑을 표현한 쇼팽의 정치적 행위에서도 니체가 역설한 반역의 의미를 찾을 수 있을 것이다. 결국 쇼팽은 러시아의 탄압에 못 이겨 비엔나에서 파리로 망명을 떠난다. 그때 작곡한 곡이 '혁명'이라는 이름으로 잘 알려진 〈연습곡 *Op.10 No.12*〉이다.

니체는 쇼팽을 자신의 형제로 여겼고, 이 상상의 형제 관계를 현실에서도 확인하고 싶어 했다. 친구 오베르벡은 이 혈통 놀이를 괴상하다고 생각했지만 니체의 허영심에서 비롯된 장난이겠거니 생각하고 받아주었다.

니체는 성격으로 보나 외모로 보나 폴란드인과 닮지 않았을까? 스위스와 이탈리아를 여행할 때 사람들이 니체를 폴란드인으로 오해한 적이 몇 번 있었다. 소렌토와 마린바트에서 머물 당시 마을 사람들에게 '폴란드 사람'이라는 별명으로 불렸던 것이다. 그때마다 니체는 자신이 지어낸 상상의 혈통이 사실일지 모른다는 생각에 기뻐했다. 니체의 할머니는 손자의 폴란드 백작 행세를 귀엽게 봐주었고 그 덕분에 니체는 이 가족 설화에 대한 확신을 꽤 오래 유지했다.

니체가 얼마나 강한 확신을 가졌는지는 중요하지 않다. 문제의 본질은 창조와 분열을 통해 가족 유사성을 발견했다는 사실이다. 각종 상상과 꾸며낸 이야기, 전설 같은 일화들은 니체 안에서 점점 구체화되었고, 그 결과 타고난 혈통을 배신하게 만드는 제2의 천성이 만들어졌다. 니체에게 이탈리아가 그늘진 곳 하나 없이 완벽한 태양 같은 존재였다면, 폴란드는 자신의 기원을 분열시키고 재구성함으로써 반골 기질을 강화하는 존재였다.

한 국가가 가지고 있는 이미지를 자신의 개성 위에 덧입

히는 일은 자칫 개인적 공상에 머물 수 있다. 하지만 니체의 경우에는 창조의 원동력으로 작용했다. 쇼팽에 대한 니체의 언급은 비평가들에게 거의 주목받지 못했다. 음악과 철학에 지대한 영감을 줬고, 니체 자신과 동일시한 예술가였는데도 말이다. 니체는 쇼팽의 음악이야말로 가장 독창적이며 모방 불가능하다고 말했다. 하지만 정작 자신은 이 '폴란드인'을 흉내낸 음악을 만들고자 했다.

※

열여덟 살 때 마주르카와 차르다시[25]를 작곡한 니체는 20여 년의 세월이 흐른 뒤 '폴란드인 선조를 기억하며' 썼던 마주르카를 떠올렸다. 그 곡은 작곡 당시 여동생 엘리자베트에게 선물했던 곡인데 특이하게도 3/4박자가 아닌 2/4박자로 되어 있었다. 작곡을 배우던 중에 쓴 곡이라 미숙해서 그랬는지도 모른다. 하지만 정말 흥미로운 사실은 이 곡이 쇼팽의 〈마주르카 B♭장조 *Op.7 No.1*〉을 표절한 것이 아닐까 싶을 정도로 비슷하다는 것이다. 니체는 쇼팽의 마주르카에서 B♭장조를 그대로 가져왔고, 2/4박자임에도 멜로디는 원곡과 거의 흡사하게 전개된다.

자신에게도 쇼팽과 같은 폴란드인의 피가 흐르고 있기 때문에 원곡을 베꼈다기보다는 폴란드인의 민족성을 참고

---

25 Csárdás ☛ 헝가리 민속무곡. 2/4박자이며 슬픈 정서의 느린 도입부와 빠른 템포의 야성적인 주부로 되어있다. 리스트의 〈헝가리안 랩소디〉 제2번이 전형적으로 차르다시가 도입된 곡이라 할 수 있다.

했다고 생각한 것일까? 니체는 이 곡과 관련해 어떤 출처도 밝히지 않았다. 니체가 쇼팽의 곡을 따라 쓴 것이 고의였는지 무의식적인 행위였는지 정확히 알 방법은 없다. 다만 간과해서는 안 되는 사실이 있다. 니체가 즉흥연주를 매우 즐겼다는 점이다. 이 사실을 기억한다면 그밖의 문제는 시시해진다. 니체에게 피아노 연주는 단순히 악보에 적힌 음표를 음악으로 재현하는 것만을 뜻하지 않았기 때문이다.

건반 위의 니체는 즉흥연주와 작곡을 오가며 연주한다. 슈만이 악보에 쓴 대로, 혹은 쇼팽이 악보에 쓴 대로 치는 것에 만족하는 연주자는 그저 솜씨 좋은 아마추어에 지나지 않는다. 니체는 거기에 만족하지 않았다. 독창적 해석을 곁들인 연주를 예술적 목표로 설정하지도 않았다. 니체는 자신만의 방식으로 작품과 작품을 둘러싼 세계를 창조했다. 그리고 그 세계 안으로 들어갔다. 자신이 공부한 작곡가를 손가락 끝에서 발견할 때, 어린 니체는 자신이 곧 그 작곡가라고 느꼈다. 이러한 친밀감을 바탕으로 적법성 따위는 안중에도 없다는 듯, 그 자리에서 즉흥연주하고 작곡하는 일에 몰입했던 것이다.

다양한 음악을 좋아했던 니체는 그 곡들을 연주하고 재창조하고 수정했다. 니체는 세계가 귀를 통해 자기 안에 들어오도록 했으며, 소리굽쇠를 울려보면서 무엇이 자신의 건강에 좋은지, 자신을 더 강하게 만드는지 판단했다. 니체는 철학자들을 판단할 때에도 같은 방식을 이용했다. 플라톤과 칸트에 대해서도 우선은 그들의 철학을 충분히 소화시키고 실컷 주무르고 되새김질하고 나서야 조롱하고 모욕했다.

니체는 음식과 관련해서도 여러 조언을 했다. 아침에는 초콜렛을 복용할 것. 커피와 알코올은 피할 것. 야채는 좋지만 과량의 탄수화물 섭취는 금물. 건강을 유지하기 위해서는 먹는 것과 생각하는 것, 듣는 것 모두 선별해서 취해야 한다고 생각했다. 니체는 사상과 음악에도 식이요법을 적용했다. 그러므로 음악을 배우는 것은 생리학적인 경험이다. 니체는 음악을 통해 영양분을 섭취하고 성장했다. 슈만이나 쇼팽 같은 작곡가들의 곡을 연주함으로써 잠재해 있던 생명력을 싹틔웠고, 누군가에게 가르침을 받는 것으로는 도달하기 어려운 경지에 이르렀다. 그 작곡가들처럼 높은 수준의 곡을 만들지 못한다고 해서 무엇이 문제겠는가. 어찌 됐든 니체는 그들에게 예술적 영감을 빚지기도, 저항하기도 하며 평생 동안 생명의 힘을 확인하기 위한 싸움을 멈추지 않았다.

포르타 기숙학교를 다니던 때의 일이다. 폭풍우가 몰아치던 어느 날, 니체는 마치 음악의 식인귀(食人鬼)라도 된 양 집어삼켰던 화성을 토해내듯 연주했고 친구들은 강렬한 인상을 받았다. 그곳에 있던 친구 중 하나였던 게르스도르프는 그날 저녁 음악당에서의 즉흥연주를 이렇게 기억했다.

*니체의 연주는 청중을 완전하게 내적인 우주, 소리와 가치, 이미지와 감정의 세계로 몰아넣었다.*

이런 분위기를 묘사할 때 '슈티뭉'(Stimmung)이라는 독일어 표현이 쓰인다. 니체의 즉흥연주는 슈티뭉을 창조하는 것과 직결되어 있다. 영혼과 감정, 감각에 조응하는 다채로운 화음들이 울린다. 울려퍼지고 공명한다. 듣는 이들은 연주자가 만들어낸 슈티뭉에 의해 영혼의 섬세한 부분이 터치되는 경험을 한다. 그리고 연주자 자신은 스스로 창조한 슈티뭉에 휩쓸려 완벽한 고독이 있는 자신만의 소리-동굴로 숨어든다. 젊은 니체가 쾰른의 어느 골목 사창가에서 깨어난 뒤 곧장 살롱의 피아노로 달려가 어떤 곡을 즉흥으로 연주하고 도망쳤다는 일화는 이제 전설이 되었다.

※

유명한 음악가가 되고자 하는 야망을 가슴에 품고 살았던 니체. 그는 전업 작곡가라 해도 무방할 정도로 많은 작품을 썼다. 즉흥연주를 사랑했지만 떠오른 영감을 악보로 남기는 작업도 게을리하지 않았던 것이다. 그러나 니체의 음악적 산물을 당대의 다른 작품들과 비교·분석하는 일은 시간 낭비다. 니체가 작곡한 곡의 음악적 한계와 표절에 대한 비난으로 점철될 게 뻔하기 때문이다. 그러므로 니체의 음악을 동시대 다른 작곡가들의 작품과 비교하기보다는 니체가 창조한 상상의 세계에서, 그리고 그의 인생에서 음악이 수행했던 다양한 역할에 대해 이야기하는 편이 더 의미 있다.

니체는 기악곡부터 성악곡, 합창곡, 교향곡까지 아우르는 넓은 범주에 걸쳐 70여 곡을 작곡했는데 그중 상당수는 미완으로 남아 있다. 피아노를 본격적으로 배우기도 전에 그는 엄마를 위해 두 개의 소나타를 작곡했다. 그 후 음악적 기술을 더 세련되게 다듬어서 미사곡, 장송곡, 오라토리오[26], 미제레레[27] 같은 작품을 썼다. 니체가 이렇게 많은 종교음악을 작곡했다는 사실에 독자들은 적잖이 놀랐을 것이다. 안티크리스트가 미사곡을 작곡했을 줄 누가 상상이나 했겠는가.

그러나 니체에게 음악은 여러 예술 형식 중 하나일 뿐이고 특정한 메시지나 종교적 의미 일체를 뛰어넘는 것이었다. 음악은 그 자체로 완전한 하나의 세계이며 그렇기 때문에 실존주의적 가치와 생명력을 촉구한다. 니체는 음악에 관한 자신만의 확고한 생각이 형성되기 전, 모차르트와 하이든, 베토벤의 작품들을 먼저 익혔다. 이를 기초로 다소 무질서하게, 또 즉흥적으로 많은 습작을 써냈다. 하지만 피아노는 생각보다 일찍 니체를 낭만주의적 영감으로 물들였다. 니체는 낭만주의 곡을 칠 때 가장 행복했다. 그리고 그런 위대한 낭만주의 작품을 작곡하길 원했다.

쇼팽을 좋아하기 전에 니체는 슈만의 화성에 탐닉했었다. 나중에는 '지나치게 감상적인 색슨족'이라고 부르며 등을 돌렸지만, 슈만은 어린 시절의 니체가 음악의 모범으로 삼았던 인물이다. 문헌학을 공부하기 위해 본에 도착했을 때 슈

---

26  Oratorio ☛ 17~18세기에 성행했던 종교적 극음악. 내용은 주로 성서에 기반한다. 오페라처럼 독창, 합창, 관현악이 등장하지만 오페라에 비해 합창의 비중이 크고, 배우의 연기와 무대장치는 없다.
27  Miserere ☛ 시편 51편에서 "Miserere mei, Deus, … "로 시작하는 구절의 앞부분을 줄여 부르는 말로, 시편 51편에서 발췌한 가사에 곡을 붙인 음악을 미제레레라고 한다. 라틴어로 '주여 나를 불쌍히 여기소서'라는 뜻이며, 1638년경 이탈리아의 작곡가 그레고리오 알레그리(Gregorio Allegri)가 처음 작곡한 것으로 알려져 있다.

만의 무덤에 꽃을 두고 올 정도였다. 위대한 고독의 순간들을 피아노와 함께 이겨낸 이 시기는 니체의 '슈만 시기'였다. 니체는 슈만의 음악을 통해 질베스터[28] 밤을 따뜻하게 보낼 수 있었고 이러한 슈만과의 만남을 운명으로 생각했다.

슈만의 작품에 빠져들면서 니체는 피아노곡으로 편곡된 슈만의 관현악곡을 연주했고, 친구 구스타프 크루그가 추천해준 〈만프레드 서곡〉[29]에 각별한 흥미를 갖게 되었다. 피아노를 통해 음악과 낭만주의 시를 결합한 이 곡은 당시 고독한 학생이었던 니체에게 여러모로 잘 어울리는 곡이었다. 이 곡은 니체가 자신의 내면을 들여다볼 수 있게 해주었다. 이후 〈만프레드 서곡〉 악보는 한동안 그의 보면대를 떠나지 않았다. 지도교수였던 리츨을 따라 라이프치히로 갔을 때에도, 시간이 흘러 1869년 바젤대학교에서 교편을 잡을 때에도 함께했다.

이 악보는 '니체가 과거에 추종하던 어떤 곡이 있었다더라' 식의 한낱 이야깃거리로 그쳐선 안 된다. 〈만프레드 서곡〉은 니체가 작곡가로서 겪었던 여러 복잡한 사건의 본질을 이룬다. 같은 〈만프레드 서곡〉이라도 본에서의 연주와 바젤에서의 연주가 같을 수 없기 때문이다. 슈만과 연관된 모든 것은 스위스 시절의 니체를 음악적·감정적으로 전염시킨다. 이는 나중에 니체와 바그너 부부 사이의 삼각관계를 심화시키는 계기가 된다. 이 일련의 사건은 하나의 악보와 피아노에서 출발했다.

리츨은 40년 넘게 일하면서 니체 같은 천재는 본 적이 없다고 말했다. 고전 문헌학 교수로 부임한 니체 박사는 또 다른 천재 리하르트 바그너를 찾아갈 기회가 있었다. 당시 바그너는 바이에른 왕국의 왕 루트비히 2세의 관할 지역이었던 루체른 호수 근방의 트립셴에 살고 있었다. 그는 자신의 명성을 더 높여줄지도 모를 새파랗게 어린 철학자를 환영했다. 그리고 니체의 열정을 높이 평가함으로써 니체가 자신의 우정을 독차지했다고 믿게 만들었다. 또한 니체가 『비극의 탄생』을 쓰도록 독려하기도 했다. 이 책에서 바그너는 고대 그리스의 고귀한 혈통으로 묘사된다.

니체는 〈뉘른베르크의 명가수〉 서곡과 한스 폰 뷜로 지휘의 〈트리스탄과 이졸데〉에 완전히 매혹당했다. 바그너에 한껏 고무된 니체는 음악뿐만 아니라 예술 전반의 문법을 근본적으로 바꿀 수 있겠다는 느낌을 받았다. 그러자 갑자기 슈만에 대한 애정은 바그너를 향한 존경심과 부딪히게 되었다. 이전 시대의 모든 것을 날려버리길 원했던 바그너는 낭만주의 특유의 짜깁기식 작곡법을 경멸했다. 니체의 피아노 연주와 작곡은 슈만과 바그너처럼 서로 화해할 수 없는 것들을 하나로 묶는 매듭이자 음악적 영감, 이론적 야심 사이의 긴장 상태가 되었다. 여기에 더해 바그너의 부인이 능숙한 솜씨로 이 철없는 철학자를 유혹하기 시작하면서 선생과 제자 사이의 관계는 복잡하게 꼬여갔다.

28 Silvester ☞ 유럽 문화권에서 한 해의 마지막 날인 12월 31일 밤을 일컫는 말.
29 〈Ouverture zu Manfred, Op.115〉. 영국 시인 바이런이 1817년에 발표한 극시 형태의 희곡 〈Manfred〉에 슈만이 곡을 붙여 만든 작품으로, 전체 16곡 중 서곡에 해당한다.

음악적이고 철학적이며 감정적인 복합물은 니체가 바젤에서 작곡했던 피아노곡으로 표출되었다. 〈만프레드-명상〉(*Manfred-Meditation*)이라는 이 긴 작품에는 슈만에게 받은 영향이 고스란히 담겨 있다. 이 작품이 구체적 형태를 갖추기 전인 1872년, 니체는 어린 시절에 본받고 싶어 했던 작곡가의 흔적이 작품에 드러나서는 안 된다는 바그너의 가르침을 깊이 새기고 있었다. 이 작품은 니체가 겪은 변화를 표현한 곡이다(니체의 착각을 드러내는 곡이기도 하다).

사실 이 작품은 〈어느 새해 전야〉(*Eine Sylvesternacht*)라는 8년 전에 써둔 곡을 〈어느 새해 전야의 메아리〉(*Nachklang einer Sylvesternacht*)로 고쳐서 완성한 곡이다. 원래는 바이올린과 피아노를 위한 곡이었는데, 손보고 나서는 네 개의 손을 위한 피아노곡으로 바뀌었다. 니체는 새롭게 고친 작품을 만족스러워했다. 그리고 이 곡을 12월 25일 코지마의 생일에 선물하기로 계획한다. 계획을 실행에 옮기기 전 친구 오베르벡을 불러 함께 연주까지 해본 니체는 그녀의 평가가 궁금해 안절부절못했다. 1871년 겨울이었다.

예리한 심리학자가 아니더라도 코지마를 위해 작곡하는 니체의 속마음을 알아채는 건 어렵지 않다. 아마도 니체는 그녀 옆에 앉아 함께 피아노를 연주하는 모습을 상상했을 것이다. 그리고 그녀와 좀 더 친밀한 관계로 발전하길 기대했을 것이다. 둘이 나란히 앉아서 보내는 새해 전날 밤. 새로운 해, 새로운 인생으로 향하는 그 시간. 이 작품의 새로 바뀐 제목은 단순하지만 수수께끼를 품고 있다. 비록 그는 수수께끼에 대해 이렇다 할 언급도 하지 않고 곡을 수정했지만 〈어느 새해 전야의 메아리〉는 〈어느 새해 전야〉를 참고한 것이 확실하다. 모호한 채로 남아 있는 것은 '메아리'라는 단어다. 메아리는 과거에서 온 소리이며 젊은 날부터 이어져온 멜랑콜리를 상징한다. 메아리는 갈 곳 잃은 소리이기도 하다. 우리 귀에 도달하는 것은 메아리의 끝자락, 다시 말해 소멸의 소리다. 그러므로 이 곡은 과거와 미래를 모두 뜻한다. 슈만과 쇼팽의 후계자로 살았던 과거의 니체와 바그너의 제자가 될 미래의 니체. 어떤 때는 승리의 기쁨을 느꼈다가 또 어떤 때는 비탄에 빠지기도 하는 등 조울증이 니체의 마음을 어지럽혔다. 그는 친구들에게 편지를 써서 이런 복잡한 심경에 대해 털어놓았다.

크루그에게는 이 곡이 젊었을 때 쓴 작품에서 따온 것이지만 근본적으로 새로운 영감으로 쓴 곡이며 자신의 유년기와는 단절된 것이라 고백했다. 니체는 이 음악적 사건을 "아폴론적 속박을 뒤집어엎는 디오니소스의 현현"이라며 본인의 철학 용어로 표현했다. 표현이야 어떻든 이 곡은 니체의 문제적 미래를 예고한다. 과거에 참조했던 것들이 메아리처럼 되돌아와 자신을 공격하는 아이러니 속에서 길을 찾아 헤매고 변모할 것이다. 그리고 곧 들이닥칠 현실은 니체가 바그너 부부와 함께 나눴다고 믿어 의심치 않는 눈부신 우정을 깨뜨릴 것이다. 니체가 선물한 곡을 들은 코지마는 진심어린 소감 대신 짧게 '고맙다'는 형식적 답례만 함으로써 이 곡에 대한 무관심을 내비쳤다. 다른 사람과 주고받은 코지마의 편지를 보면, 음악적으로 젠체하는 니체를 남편은 물론 하인과도 함께 비웃었다는 사실이 드러난다.

1872년에 완성된 니체의 〈만프레드-명상〉은 더 큰 혼란과 실망감을 안겨준다. 곡 전체에서 풍기는 모호함이 공적인 비판의 대상이 되었기 때문이다. 이 곡은 슈만적인 음악일까 바그너적인 음악일까? 여기에 대해서는 전문가들 사이에서도 의견이 분분하다. 플로랑스 파브르는 니체 음악의 낭만적 요소를 중시한 반면, 에릭 뒤푸르는 이 곡의 모티프가 바그너의 〈트리스탄과 이졸데〉에 근거한다는 사실을 밝혀냈다.

이 네 개의 손을 위한 피아노곡에서 끝없이 이어지는 반음계는 한 가지 형식만을 따르지 않기 때문에 그 성격을 한마디로 정의하기 쉽지 않다. 작품의 비장한 정서는 슈만의 음악과 연결지을 수 있을 것이다. 하지만 빈번한 조바꿈으로 불안정한 정서를 고조시키는 것은 바그너 음악의 영향이다. 니체는 내적 갈등을 겪고 있었다. 혈관을 타고 흐르는 낭만주의 성향과 그 표현적 역할을 포기할 수 없는 동시에, 전통적인 화성과 형식에서 벗어난 음악의 현대성에 이끌리고 있었던 것이다. 결국 작품은 원하는 대로 나오지 않았고, 매력 없는 음악이라는 세간의 평가를 받았다.

니체는 코지마의 전 남편이자 〈트리스탄과 이졸데〉의 지휘자로 유명한 뮌헨의 한스 폰 빌로에게 악보를 보냈다. 그 악보에는 자신의 음악적 재능을 낮추며 겸손을 떠는 니체의 장황한 편지도 함께 들어 있었다. 언제나 자기 확신으로 가득 찼던 니체에 익숙한 독자들은 이러한 모습이 낯설 것이다. 하지만 훗날 『이 사람을 보라』를 쓰게 될 이 철학자는 단지 세상의 인정에 목마른 초보 작곡가에 불과했다.

불운이 니체의 손을 잡아끈 것이 틀림없다. 악보를 보낸 지 며칠만에 폰 뷜로의 답장을 받았다. 폰 뷜로는 "각종 패러디가 난무하는 이 악보에 자신의 귀가 충격을 받았다"며 이 곡을 장난으로 쓴 것인지 물었다. 만약 장난이 아니라면, 작곡의 기초적인 법칙들이 이렇게까지 무시될 수 있음에 경악했다고 말했다. 폰 뷜로는 잔인하게도 니체에게 매우 중요했던 디오니소스적 정신에 대한 암시까지 가져와서는 이 작품이 거나하게 취한 파티 다음 날에나 어울린다고, 다시 말해 숙취나 마찬가지라고 말했다. 혐오스럽고 음악의 여신 에우테르페를 겁탈하는 음악. '잔혹한 광란'이자 '도덕성에 반하는 범죄.' 폰 뷜로의 모욕은 계속됐다. 그중 가장 치욕스러웠던 건 '개탄스러운 피아노의 경련'에 거부 반응을 보이며 피아니스트로서의 니체를 부정한 것이었다. 스스로를 벌하기 위해 집어 들려고 했던 회초리는 폰 뷜로에게 들렸고 니체는 무자비하게 두들겨 맞았다.

몇 년에 걸쳐 쌓아온 감정과 상상, 희망의 결과인 〈만프레드-명상〉은 처절한 실패로 끝났다. 책과 문헌학으로 돌아가고 음악에 대한 관심은 거두라는 것이 폰 뷜로의 메시지였다. 니체가 입은 상처는 결코 치유되지 않았다. 니체는 폰 뷜로의 공격에 응대하지 않았다. 묵묵히 자신의 치욕을 받아들였고 젊은 시절의 사랑을 부정했으며 낭만주의의 병적 상태를 탓했다. 그리고 〈트리스탄과 이졸데〉를 들으며 반성하겠노라 다짐했다. 하지만 자기애가 강했던 니체는 나중에 심리적 조작을 통해 이 패배를 변형시킨다.

『이 사람을 보라』에서 니체는 폰 뷜로의 가혹한 심판으로 돌아가 자신이 슈만이라는 요람에서 청소년기를 보냈음을 인정한다. 하지만 자신이 작곡했던 곡은 슈만의 〈만프레드 서곡〉에 대한 '안티 만프레드'였다고 말한다. (강한 긍정은 곧 강한 부정과 같으므로) 슈만을 부정하기 위해 슈만의 곡에서 받은 영감을 극한까지 밀어붙였다고 말이다. 이로써 명예는 다시 회복되었다. 피아니스트이자 작곡가로서의 자의식이 마에스트로의 평가에 의해 완전히 훼손되는 것은 면했다.

바그너 부부는 될성부른 제자를 다시 자신들의 품으로 돌아오게 하기 위해 애썼다. 코지마는 니체에게 그 곡을 편지로 보내지 말고 직접 연주했어야 됐다고 말했고, 바그너는 그의 작곡에 대해 리스트는 긍정적으로 평가했다며 위선을 떨었다. 이후 니체를 위한 진실은 몇 가지 해독제의 도움을 받아 단계적으로 서서히 그 모습을 드러낸다. 우리는 바그너가 니체의 자존심에 상처를 냈기 때문에 둘의 관계가 끝장났다고 피상적으로만 알고 있다. 그러나 진실은 우리가 아는 것과 다르다.

니체가 바그너 곁을 떠나기로 결심한 것은 철학자이자 음악가로서 새로운 길을 찾았기 때문이었다. 니체는 어떤 음악이 자신에게 가장 잘 맞는지, 어떤 기후와 문화, 예술이 자신의 존재를 더 강하게 만드는지 깨달았다. 강렬한 깨달음의 순간을 체험한 니체는 입이 닳도록 찬양하던 바그너를 규탄한다. 바그너에게 받은 영향들이 자신에게 해로웠음을 깨달은 내적 혁명의 중요성에 비하면, 니체-바그너 연합이 왜 파국을 맞았는지 규명하는 일은 보잘것없는 일이다.

바그너는 자신의 추종자들이 자신만 찬양하길 바랐다. 〈황제 행진곡〉(Kaiser-Marsch, WWV 104)을 썼을 때, 하필이면 브람스가 작곡한 〈승리의 노래〉(Triumphlied, Op.55)의 피아노 악보를 가져온 니체를 용납할 수 없었던 것은 그런 이유에서였다. 이 천재 독일인은 이미 마음속으로 자신의 오페라 4부작을 올릴 만한 극장을 지을 생각까지 해둔 상태였다. 1876년 〈니벨룽의 반지〉(Der Ring des Nibelungen, WWV 86)의 성공에 힘입어 바이로이트로 금의환향하던 바그너와는 대조적으로 니체는 우울증에 시달리고 있었다. 새롭게 태어나기 위해서는 깊은 심연 속으로 들어가야만 했다.

> 바그너에게 등을 돌린 것은 내게 가혹한 운명이었다. 그런 일을 겪고 나서 무언가를 다시 좋아할 수 있게 된 것은 진정한 승리다. 어느 누구도 나보다 더 위험하게 바그너 놀음에 휘둘리진 않았을 것이다. 어느 누구도 나보다 더 격렬하게 바그너에 저항하진 않았을 것이다. 그리고 바그너에서 벗어난 것을 나보다 더 기뻐한 이도 없으리라. 참으로 긴 시간이었다! 어떻게 표현하면 좋을까? 내가 도덕주의자였다면 아마 '자기극복'(Selbstüberwindung) 같은 단어를 골랐을 텐데…….

니체의 자기 고백에는 바그너를 택했고 거부했던 한 개인의 회한뿐 아니라 육체의 정치학이 들어 있다.

※

어떤 비평가들은 니체가 바그너에 관해 쓴 글의 가치를 깎아내린다. 니체가 그런 글을 쓴 이유가 바그너에게 입은 마음의 상처가 앙금처럼 남았기 때문이라는 것이다. 나는 그 해석에 반대한다. 니체가 쓴 바그너에 관한 글은 피아노를 연주할 때 연주자와 시간 사이에 어떤 관계가 형성되는지 파악할 수 있는 단서가 된다. 『우상의 황혼』 『바그너의 경우』 『이 사람을 보라』에서 바그너에 대한 비판은 세 가지 층위—철학·역사학, 미학·정치학, 심리학·생리학—에서 이루어진다.

첫 번째 층위의 비판은 시대와 관련 있다. 개인이 자신의 시대와 어떤 관계를 맺으며 사느냐에 관한 것이다. 니체는 다음과 같이 질문한다. 우리는 어떻게 바그너주의자가 되고, 나중에는 어떻게 그 영향에서 빠져나오는가? 바그너는 현대성 그 자체이기 때문에 바그너주의자가 되지 않으려면 먼저 바그너주의자가 되는 수밖에 없다.

망치를 든 철학자를 자처한 니체는 타락한 현대성을 재정립하기 위해 기존의 우상들을 하나둘씩 파괴하기 시작한다. 그러면서도 이 우상 파괴가 새 시대의 종교가 되지는 않을까 걱정했다. 미래를 도덕적 낙관주의로 부패시킬 수 있는 진보 담론의 위험성을 경고한 것이다. 우상 파괴 또는 신성모독의 의미를 분명히 하고자 한 니체의 의지는 바그너적 현대성의 근원을 파헤치는 힘이었다.

저버린 우정에 대한 이야기를 떠나, 니체의 글은 근엄한 표정을 짓고 있는 바그너의 현대성을 조롱과 풍자를 곁들여 해설하고 있다. 〈신들의 황혼〉(Götterdämmerung, WWV 86D)을 듣고 "고대의 신성(神聖)을 무너뜨리는 것으로는 충분치 않다. 우상이 우상의 자리를 유지할 수 있게 해주는 기초 문법을 쓰러뜨려야 한다"고 응답했다. 이러한 응답이 『우상의 황혼』이다. 1888년, 니체의 망치는 바그너를 넘어 새로운 우상과 현대성으로 향한다. 혁명의 근엄함은 신성모독의 즐거움으로 바뀌었고, 구원으로서의 새로움은 자유분방한 현대성으로 대치되었다. 현대성이란 무엇인가? 개인은 자신의 시대를 받아들여야 하지만 동시에 자신을 시대의 산물로 만드는 것들과 싸워야 한다고 니체는 답한다.

> 현대성은 바그너를 통해 자신의 속 이야기를 하고 있다. 현대성은 자기 안의 선과 악을 숨기지 않으며, 수치심을 느끼지 않는다. 만약 누군가가 일단 바그너의 좋은 점과 나쁜 점을 들추어내기만 하면, 우리는 현대인들이 믿고 있는 가치에 대한 최종적인 대차대조표를 만들 수 있다. 나는 오늘날 어느 음악가가 바그너를 증오하지만, 다른 음악은 도저히 참을 수 없다고 말하는 것을 충분히 이해한다. 그러나 반대로 이렇게 주장하는 철학자도 이해할 수 있다. 바그너는 현대성을 요약하고 있다. 일단 바그너주의자가 되어야 한다. 그것 말고는 달리 방법이 없다.

헤겔과 달리 니체는 현대성을 객관적이고 필연적인 '정신'의 실현이라고 보지 않았다. 니체에게 현대성은 언제나 미래였다. 그러므로 자신의 시대를 산다는 것은 시대에 동화된 삶을 의미하지 않으며, 자신의 시대를 거스르는 반항적인 태도에 현대성이 있다고 본 것이다. 현대성의 동시대성을 말한 바그너는 이로써 니체와 완전히 갈라서게 된다.

우상은 진보를 위해 미래를 현재 아래 종속시킨다. 그런 우상을 파괴하려면 먼저 바그너주의자가 되는 것이 중요하다고 니체는 말한다. 시간이 흘러 신성모독자들이 시대의 우상이 되면, 그때는 그들이 신성모독을 당할 차례가 되는 것이다. 망치를 들고 기존의 철학을 부쉈듯 니체는 소리굽쇠로 우상들을 내려친다. 그리고 피아노는 평가의 기준이 된다.

우리 몸에서 사유를 담당하는 곳은 귀다. 바그너 4부작을 들을 때 우리는 시간에 관해 무엇을 들을 수 있는가? 이제 니체의 비판은 미학적이고 정치적인 층위에서 이루어진다. 니체는 언어 체계와 예술 형식에서 전체주의가 나타날 것이라고 아도르노, 벤야민, 아렌트보다 먼저 내다봤다. 한 시대가 어떤 체제를 이루고 있고, 사람들은 어떤 음악을 들으며, 어떤 감정을 느끼는지는 모두 개인과 사회에 관한 이해와 연관돼 있다. 음악 미학은 이것들에 반응한다.

니체는 바그너 음악에서 집단 신앙이라고 부를 수 있을 만큼 원대한 정치적 이상을 엿들었다. 그 안에는 새로운 우상을 만들기 위해 음악을 전용(轉用)하려는 움직임이 있었다.

니체는 『바그너의 경우』에서 바그너를 우상으로 만들어

주는 신성의 문법을 조목조목 비판한다. 니체의 바그너 비판은 그 자체로 새로운 형이상학으로 느껴질 만큼 전략적일 뿐만 아니라 신성 또는 신성의 형이상학이 부활하려는 기미를 감지할 수 있는 통찰력을 제공한다. 니체에 따르면, 바그너의 예술적 이상은 구원으로서의 음악을 만드는 것이다. 이를 위해서는 먼저 사람들의 의식을 개선해야 되는데 사람들이 스스로를 타락한 존재, 그리스도교적 구원과 동정심이 필요한 존재로 여기도록 만들어야 했다. 예술이 18세기 모차르트 음악처럼 즐거움과 한통속이 돼버리면, 사람들은 더 이상 구원 따위는 찾지 않을 것이기 때문이다.

마침 그 당시 모더니스트들은 이미 창조력을 상실한 낡은 신에게 결별을 고한 상태였고, 인류와 예술의 새로운 구원자를 기다리고 있었다. 바그너는 사람들의 정신을 고양시키기 위해 음악 안에 다양한 장치―무한성에 대한 취향, 순수성의 추구, 내세에 대한 환상 같은 모든 초월적인 요소―를 심어 놓았다. 그래서 니체는 "바그너 음악은 철저하게 연극화되어 있다" "바그너는 음악의 언어적 능력을 극대화시킨 음악의 빅토르 위고이다" "바그너는 음악가이기보다 배우나 연출가"라고 말한 것이다.

바그너는 자신의 음악이 어떻게 들려야 하는지에 대해 음악가로서 고민하지 않았다. 바그너가 추구한 것은 음악이 아니라 효과였다. 그의 음악은 웅대함, 심오함, 영원함 같은 사람들의 정서적 효과를 위한 스펙터클이었고, 구원이라는 거대한 사기극을 성공적으로 집필하기 위한 신성의 문법이었다. 최고로 타락한 가치들이 바그너 음악에서는 가장 고상한 것으로 추대되고 있는 사태를 똑바로 보아야 한다.

저술 시기상 니체는 오직 헤겔만 비교 대상으로 끌어들일 수 있었다. 헤겔이야말로 이 신성의 문법과 독일제국 건설이 어떻게 연결되는지 발견할 수 있는 인물이었다. 교활한 정치인은 순종적인 정신에 길들여진 약자를 이끄는 오케스트라의 지휘자가 된다.

> 바그너의 무대는 오직 하나만 필요로 한다―독일인들!―
> 독일인은 복종심과 긴 다리, 이 두 가지로 다 설명된다.
> 바그너 음악의 성행이 독일제국의 도래와 시기적으로 맞아떨어진다는 사실은 의미심장하다.

철학적·역사적 비판과 미학적·정치적 비판에 더해 니체는 심리학과 생리학을 섞은 또 다른 관점의 비판을 추가한다. 이 세 번째 비평으로 니체는 바그너의 성공을 이해할 수 있었다. 소리굽쇠를 든 철학자가 바이로이트의 작곡가를 의학적 연구 사례로 만든 것은 자신의 상처와 회복의 경험에서 비롯된 것이다. 니체는 소크라테스 철학과 형이상학의 관계, 그리스도교와 사제의 관계에 관한 깊은 사유를 통해 치유자인 척하는 사람이 사실은 어떻게 다른 사람들을 병들게 하는지 증명했다.

그는 이제 이 해석의 틀을 바그너에게 적용한다. 소크라테스가 그랬듯 구원자를 자처한 자는 인류에게 이상적이고 환상적인 신성을 통해 세속적인 고통에서 벗어나게 해준다고 약속한다. 구원자는 본인이 삶을 즐기지 못하는 약한 인간이기 때문에 공허한 영적 보상을 미끼로 약자를 사랑하라고 가르친다.

바그너는 이 형이상학적 전통을 따랐다. 기꺼이 아름다움 대신 숭고를 선택할 철학자들을 위해 음악 안에 덫을 놓아 청각적으로 현혹시켰다. 칸트가 산꼭대기에 내리치는 폭풍우 속에서 사색하며 초자연적인 모티프를 묘사했듯이, 신성은 숭고 속에 몸을 숨긴다. 바그너는 초월적인 어떤 것으로 대표되는 신의 속성을 숭고로 교체하고, 대중은 바그너 음악의 극적 긴장감에 빠져든다. 일반적인 시각에서 보면 이 심리학적 관점의 비평은 거짓 심오함을 공격하는 것으로 보인다. 심오한 그 무엇이 음악적인 것이든 철학적인 개념이든, 말할 수 없는 것을 신격화함으로써 얻어낸 것이라면 모조리 기만이라고 프로이트와 비트겐슈타인이 말한 바 있다. 바그너적인 숭고 속에서 사람들은 더 이상 춤추지 못한다. 무한히 높은 곳으로 날아오를 뿐이다.

니체는 〈파르지팔〉이 신성화의 정신을 고취시키기 위해 멜로디를 은폐하고 오케스트라의 화성만 살린 점을 비판했다. 자신의 심리학적 진단을 이 음악에 대한 반대급부로 제시하며 바그너의 음악적 신조를 모독했다.

*바그너의 예술은 병들었다. 그가 무대를 꾸미는 데 사용하는 모든 소재—히스테리 환자, 치밀어오르는 격정, 격앙된*

*감각, 점점 더 자극적인 것을 요구하는 취향, 예술 창작의 원리라고 주장하는 자신의 불안—특히 생리적 전형으로 선택한 남녀 주인공들은 다름 아닌 병자들의 전시장을 보여준다! 의심할 여지 없이 바그너는 노이로제 환자다.*

니체의 바그너 비평은 왕성한 창작 활동을 하면서 자아를 되찾고, 살아 있다는 기쁨에 한껏 고무된 시기에 이루어졌다. 『비극의 탄생』을 쓸 때 품고 있던 음악에 대한 생각과 예술적 형이상학은 더 이상 유효하지 않다. 니체는 신체 활동으로서의 음악 연주를 음악 미학의 출발점으로 삼았고, 자신이 맺었던 음악과의 관계를 수정해나갔다. 이때부터 음악은 신체에 얼마나 많은 이로움을 주는지로 재평가되기 시작했다.

이 새로운 평가 기준을 따르면 바그너의 음악은 가장 저열한 음악이다. 그의 음악은 불분명한 조성과 멜로디로 듣는 이의 신경을 자극하고 도취시키기 때문이다. 니체는 바그너를 "병자들을 더욱 병들게 만드는 신경증 미치광이"라고 말하면서 바그너 음악의 효과를 술에 비유한다. 술에 취하면 리듬감이 떨어지고 마치 자신이 대양과 하나 된 것 같은 충만감에 젖어든다. 바그너는 이런 효과를 추구했고, 이를 방해하는 세력을 지쳐 쓰러지게 만들었다. 바그너는 이미 탈진한 병자를 더 병들게 만드는 치유자였다. 니체는 자신도 과거에 이 작곡가의 매력에 굴복했던 사람 중 한 명이었다는 사실을 숨기지 않는다. 『이 사람을 보라』에서 니체는 바그너의 매력을 하시시(*hashish*)에 비유한다.

*바그너의 음악이 아니었다면 나의 젊음을 견딜 수 없었을 것이다. 나는 독일인이라는 저주를 받았기 때문이다. 무겁게 짓누르는 압박에서 벗어나려 할 때 우리는 하시시를 필요로 한다. 내 경우엔 바그너가 필요했다.*

독일인이라는 정체성을 버리고 싶어 하며 새로운 감각을 찾던 젊은이들에게 바그너의 음악은 치유의 물질이었다. 그러나 병이 낫는 대신 익숙해진다면 그것은 더 이상 치료제가 아니라 독이다. 니체는 자신이 벗어나고자 했던 독일에서 느끼는 이 행복감이 결국 아편과 다름없다는 사실을 서서히 깨닫고 있었다. 다양한 독일 신화가 등장하는 바그너 음악을 들으면 '여기가 나의 고향이구나. 나도 어쩔 수 없는 독일인이구나'라는 소속감을 갖게 만들었고, 그런 자신을 참을 수 없었던 것이다. 어둡고 습한 숲의 나라. 이곳은 니체의 신체 건강과 정신 건강에 해로웠다.

니체는 귀를 사용해서 철학했다. 해석이 필요한 모든 것에 소리굽쇠를 대고 두드렸고, 그 진동음으로 정치적·미학적 가치를 가늠했다. 무엇보다 니체는 바그너를 시작점에 놓고 현대성이 지닌 가치와 질을 평가했다. 우상의 권위로부터 스스로를 지키는 것은 필요한 일이지만, 스스로 대중을 치유할 수 있다고 믿는 것은 그것과 별개다. 앞에서 다뤘듯이 니체는 바그너라는 신성을 모독하는 것으로 계보학적 비판을 시작했고, 니체가 바그너의 어떤 점을 비판했는지도 확인했다.

바그너가 음악으로 표현한 구원으로써의 현대성은 온

갖 어휘와 문법, 수사법을 동원해 현실 세계와 초월 세계를 분리시킨다. 듣기와 말하기, 육체와 영혼을 분리시킨다. 바그너주의자들은 니체의 이러한 해석을 결코 인정하지 않는다. 하지만 니체의 계보학적 비판은 보수성과 현대성 사이의 해묵은 논쟁을 낱낱이 파헤친다는 점에서 오늘날 높이 평가받는다. 신성에 대한 환상(그것의 거짓 깊이와 숭고에의 도취)과 신성 모독의 양심(실증주의와 쾌락주의)을 모두 해체시키며, 전통적인 사고방식은 물론 현대적인 사고방식마저 퇴물로 만들어버린다.

이제 소리굽쇠로 현대성을 부딪쳐 울리면 이전과는 다른 소리가 들릴 것이다. 가만히 귀 기울이면 경쾌하고 시의적절하며 체제 비순응적인 소리, 더럽혀진 것을 정화하는 소리가 아닌 잘못된 문장을 삭제하기 위해 원고지에 취소선을 찍찍 긋는 소리를 들을 수 있다. 바그너를 '사례 연구' 대상으로 삼은 것은 문화를 재평가하는 것이자 심오한 것들의 부활에 반대하는 것이다. 이처럼 니체는 맹렬하고 지독하게 우상 파괴 작업을 수행했다.

※

이 구원의 각성을 계기로 니체는 1881년과 1882년, 1883년에 세 가지 해독제—카르멘, 루 살로메, 차라투스트라—를 발견했다. 이 세 가지 해독제는 니체가 음악적·철학적 사유에 적합한 언어와 형식을 찾게 해주었다. 니체는 목소리와 반주, 리듬과 조성이 명확하게 구분된 곡은 능숙하게 작곡할 수 있었지만, 낭만주의적 멜로디와 바그너의 관현악법을 종합하는 일에는 어려움을 겪었다. 지중해로 떠나 제노바, 로마, 베네치아, 니스 등지에 머물던 시절에는 로시니와 벨리니 같은 새로운 작곡가의 음악을 접했다.

    1881년 제노바에서는 이탈리아어로 된 오페라 〈카르멘〉의 제작에 참여했는데, 니체는 첫눈에 프랑스와 스페인, 이탈리아적 특징이 모두 들어간 이 오페라에 반했다. 비제의 오페라에서 발견한 격정은 그의 개인적 변화, 그에게 절실히 필요했던 치유와 완벽히 맞아 떨어졌다. 어떤 비평가들은 니체가 지나치게 호들갑 떠는 것이라고 지적하지만, 그가 거의 모든 공연에 참석했을 정도로 이 작품을 사랑했음은 의심할 여지 없는 사실이다. 니스에서는 몇 번이나 연거푸 〈카르멘〉을 보러 갔고, 직접 피아노로 쳐보기 위해 악보를 입수하기도 했다. 피아노 한 대로 오페라 전체를 구현하겠다는 굳은 의지를 증명하기라도 하듯, 그가 봤던 비제의 악보는 빼곡한 메모로 뒤덮여 있었다. 니체는 이런 식으로 자신에게 필요한 치료제를 구했다.

    피아노는 언제나 기준음이자 실험대였다. 그는 자신이 들었던 곡, 혹은 좋아하는 곡을 피아노로 편곡하곤 했다. 니체에게 편곡은 가치를 재평가하겠다는 말과 같다. 니체는 피아노곡으로 편곡된 〈카르멘〉을 연주함으로써 스스로 정화하고, 자양분을 주고, 변화시켰다. 〈카르멘〉은 바그너라는 질병에 감염된 니체를 치유하는 음악적 해독제였다. 바그너보다 비제를 좋아하다니……. 미친 것이 분명하다.

니체가 이제 와서 부퐁 논쟁[30]을 다시 일으키려고 했던 것은 아니다. 바그너를 비제로 대체시키려는 것도 아니었다. 미학의 테두리 안에서만 논하고자 했다면 니체는 비제가 아닌 로시니를 택했을 것이다. 게다가 니체가 가장 이상적인 작곡가로 여겼던 이는 쇼팽 아니었던가? 니체는 비제를 끌어들여서 쇼팽에게 감화받은 생각들, 특히 벨칸토(*bel canto*)[31]에 관한 생각에 정당성을 부여했다. 벨칸토는 노래를 위한 노래, 의미의 무게에서 해방된 노래를 뜻한다. 이것은 다름 아닌 독일에 대한 대안이다. 비제는 〈카르멘〉에서 이탈리아와 프랑스, 폴란드를 통합하고 있는데 그 안에는 삶과 철학을 통합할 수 있는 방향성과 공간이 제시되어 있다.

> *나는 어제 비제의 걸작을—믿을지 모르겠지만—스무 번째 들었다. 또 다시 나는 달콤한 몰입 속에서 끝까지 자리를 지켰다. 참을성 부족한 나 자신을 극복했다는 사실에 스스로 놀랐다. 이 위대한 작품이 어떻게 한 사람을 완벽하게 만드는가! 이 작품과 나는 함께 '걸작'이 되어간다. 〈카르멘〉을 듣는 동안에는 나 자신이 그 어느 때보다 더 철학자인 것 같은 생각이 든다. 나라는 사람이 이토록 너그럽고 행복하며 인도인처럼 차분해지는 것이다.*

음악은 생리적이고 치유적인 관점에서 감상된다. 음악은 몸과 마음 모두에게 말을 걸며, 니체는 이 둘을 구분하지 않았다. 니체는 세계가 귀를 통해서 들어오고 우리의 지성은 듣기만 하면 된다고 확신했다. 음악은 기질과 기분, 생각, 열정을 동반한다. 박식한 음악 애호가에게는 단조로워 보일 수 있지만 니체가 듣기에 비제의 음악은 그것이 생산하는 생각만큼이나 다양한 감정을 이끌어냈다. 지적인 부분은 작품 전면에 드러나지 않는다. 별도의 해설이나 이론적인 배경 없이도 비제의 음악을 이해할 수 있다는 점. 니체는 바로 이 점을 비제 음악의 탁월한 가치라고 보았다.

사유하는 것은 듣는 것이고 음악은 철학자가 더 '잘 듣는 사람'이 되도록 가르친다. 음악은 귀를 통해 생명력을 얻고, 귀로 흘러들어온 음악은 한 사람의 실존 전체를 울린다. 니체가 지중해 불빛 아래서 들은 음악은 경쾌하고 발랄하며 투명하고 건조한 공기를 조성함으로써 이 세계를 이전과는 다른 세계로 바라보게 했다. 독일스러운 냄새를 풍기는 모든 것과 결별을 선언한 그는 프랑스, 이탈리아 그리고 스페인의 '햇볕에 타고 그을린 감수성'을 찬양했다. 심지어 (나중에 그의 사상을 잘못 계승한 나치에게 탄압받았던) 북아프리카 지역 무어인의 쾌활함을 높이 샀다. "음악은 지중해화 되어야 한다"는

---

30 1752년에 프랑스 오페라와 이탈리아 오페라를 둘러싸고 벌어진 미학적 논쟁. 전통적 프랑스 오페라를 지지하는 쪽에는 루이 15세를 비롯한 귀족 세력과 장 필립 라모가 있었고, 이탈리아의 오페라부파를 지지하는 쪽에는 루소, 디드로, 달랑베르 같은 백과전서파 지식인들이 있었다. 이 논쟁은 당시 유럽 음악계에서 백 년 가까이 지속되었다.

31 가사 전달을 중시했던 바로크 시대의 창법에 대항하는 개념으로 나타났다. '아름다운 노래'라는 뜻으로 극적인 표현보다 아름다운 소리, 부드러운 선율에 중점을 둔다. 기교적 과장을 지나치게 강조한다는 이유로 바그너는 벨칸토를 배척했다. 그러나 벨칸토 자체는 고도로 예술적인 기법이며, 이탈리아 오페라나 모차르트의 오페라에서는 이상적인 창법으로 간주되고 있다.

문장은 파르지팔과 카르멘 사이의 대립구도, 심지어 엄밀한 음악학적 논쟁마저 뛰어넘는다.

니체는 음악의 생리학적인 부분을 그 어떤 엄밀한 미학적 담론보다 중요하게 생각했다. 우리 신체와 떼려야 뗄 수 없게 결합되어 있는 미학, 다시 말해 음악은 모든 형식 너머에 있으며 듣는 것과 사유하는 것은 다르지 않다.

두 번째 해독제 루 살로메는 감정에 작용한다. 니체는 살로메의 말을 노래로 만들기로 마음먹고 한때 독일에서 환대받던 장르인 가곡을 다시 집어 들었다. 열일곱 살에 이미 슈베르트 스타일로 실험하면서 열대여섯 곡의 가곡을 썼을 정도로 가곡은 친숙한 장르였다. 하지만 이번에는 시적인 가사와 피아노를 결합하는 전통적인 가곡의 작법을 따르지 않는다. 니체는 개인적인 고백을 음악으로 풀어내고자 했다.

1874년에 그는 〈우정을 위한 찬가〉라고 이름 붙인 네 개의 손을 위한 피아노곡을 썼다. 이 곡은 니체가 그리스의 성악곡과 찬송가, 디오니소스 찬가에서 영감을 받아 작곡했는데, 원래는 그의 친구가 쓴 글에 대한 오마주로 기획했었고 오케스트라를 위한 곡으로 편곡할 생각이었다. 마침 니체는 바그너에 대한 환멸과 〈만프레드〉의 실패를 극복하기 위해 자신의 곡을 들어줄 새로운 친구들이 필요하던 때였다. 게르스도르프와 로데를 섭외하기는 했지만 니체의 계획은 실현되지 못했고, 이 작품은 영원히 피아노곡의 형태로 남고 만다.

한편, 살로메의 시「삶을 위한 기도」(Lebensgebet)는 니체의 작곡 의지를 되살려냈다. 시의 요지는 '삶이 주는 행복과 슬픔을 모두 사랑하라'는 것이다. 시의 예술적 수준이 높고 낮음에 상관없이, 여기에는 운명애(Amor fati)와 삶에 대한 긍정이 숨김없이 드러나 있다.

니체는 두 사람의 이름을 한 작품 안에 녹여내길 소망했다. 살로메와 프리드리히의 조합은 눈부셨고, 1882년 니체가 이 시에 〈우정을 위한 찬가〉의 운율을 적용해 〈삶을 위한 찬가〉라는 가곡을 작곡함으로써 음악과 시는 비로소 하나가 되었다. 〈삶을 위한 찬가〉는 오롯이 둘 만의 창작물이었다. 그러므로 이 노래는 살로메와 니체의 순수한 사랑으로 연주되어야만 했다. 파울 레가 이 노래에 대해 주장할 지분은 없었다. 하지만 파울 레는 그녀와 니체 사이를 비집고 들어왔고 니체를 고통 속으로 몰아 넣었다.

니체가 이 곡을 작곡할 때 품은 이상은 살로메와의 합작품을 둘만의 은밀한 것으로 남기는 것보다 원대한 것이었다. 그것은 어쩌면 바그너에 대한 복수심이었을지도 모른다. 니체는 이 곡을 합창곡으로 편곡해 대중 앞에서 공연하고 싶어 했다. 하지만 당시 그는 피아니스트였을 뿐, 합창과 오케스트라를 위한 곡을 쓸 정도의 작곡 기술은 없었기 때문에 관현악 파트는 (페터 가스트라고 알려진) 쾨젤리츠라는 친구가 대신 써주었다. 심지어 그는 이 곡을 연주해줄 합창단―라이프치히에서 알게 된 리델 교수와 그가 지휘하는 합창단―까지 미리 염두에 두고 있었다. 결론부터 말하면 니체의 계획은 이루어

지지 않았다. 훗날 니체는 (이미 살로메와 결별한 뒤였지만) 자비를 들여 악보를 출판한다. 그리고 어느 편지에 이 곡은 자신의 모든 음악적 성과를 대표하는 유일한 곡이며 자신이 죽은 뒤 연주되어야 할 유언장이라고 썼다.

세 번째 해독제는 바로 차라투스트라다. 차라투스트라는 엄밀히 말해 음악 작품을 탄생시키지는 않았지만 하나부터 열까지 음악을 듣고 연주하는 것에 영감을 받았다. 흥미로운 사실은 니체가 『차라투스트라는 이렇게 말했다』를 어떻게 쓸까 고민한 생각의 조각들이 앞서 살펴본 두 해독제 〈카르멘〉과 살로메에 들어 있다는 사실이다. 〈카르멘〉과 루 살로메 그리고 차라투스트라. 이 세 가지 해독제는 니체 안에서 서로 뒤엉켜 복잡한 혼합물을 만들었다. 니체는 피아노에 뿌리를 둔 음악적 태도로 산책하고 작곡했으며 욕망하고 글을 썼다. 피아노는 그가 다른 모든 활동을 멈췄을 때에도 마지막까지 포기하지 않았던 열정이었다. 차라투스트라도 마찬가지였다.

하루는 니체가 실바프라나 호수를 에워싼 숲길을 걷고 있었다. 수르레이 근처에서 피라미드처럼 생긴 커다란 바위를 발견하고는 멈춰 서서 바라보았고, 그 순간 차라투스트라와 영원회귀 사상이 번개처럼 떠올랐다. 『차라투스트라는 이렇게 말했다』는 이렇게 탄생했다. 이 이야기를 니체가 겪은 신비한 체험으로만 해석해서는 안 된다. 커다란 바위를 마주한 찰나에 뇌리를 스치고 간 음악이 니체를 압도한 것으로 해석하는 편이 진실에 가깝지 않을까? 니체는 차라투스트라에 음악적 차원을 부여함으로써 이 시가 언어적 의미를 초월해 노래로 들릴 수 있게 했다. 『이 사람을 보라』에 이런 구절이 나온다.

> 『차라투스트라는 이렇게 말했다』 전체를 음악이라고 봐도 무방하다. 예술 안에서 진정한 부활의 소리를 들을 수 있었고 이것이 전제 조건이었다. 나는 1881년 봄을 베네치아에서 멀지 않은 레코아라는 어느 작은 산간 온천마을에서 보냈다. 나는 그곳에서 내 스승이자 친구이며, 나처럼 '부활한 자'이기도 한 페터 가스트와 함께 음악이라는 불사조가 다른 어느 때보다 가볍고 눈부시게 빛나는 깃털로 우리 곁을 날아가는 것을 보았다.
> 그날을 기준으로 1883년 2월의 급작스럽고 거짓말처럼 믿기지 않는 상황에서의 출산까지 생각해보면, 이 책의 수태 기간은 18개월에 이르는 셈이다(책의 마지막 대목, 즉 내가 서문에서 몇 문장 인용하기도 했던 그 부분은 리하르트 바그너가 베네치아에서 숨을 거둔 바로 그 거룩한 순간에 완성되었다). 적어도 불교 신자라면 18이라는 숫자를 보고 암코끼리와 나를 함께 떠올릴 것이다.

우리는 어떤 개념을 효과적으로 설명하기 위해 은유법을 사용하기도 한다. 하지만 니체의 글에서는 은유 자체가 원래 설명하려던 개념보다 더 중요하게 다뤄진다. 출산에 대한 이야기에서 불사조는 부활한 니체에 대한 은유로 쓰였다. 불사조는 그의 내면에 생명의 충만한 약동을 되살려놓았고 바그너가 이탈리아에서 죽었다는 사실에 상징적 의미를 부여한다. 비로소 바이로이트의 작곡가는 니체가 새로 획득한 지중해성 신체 안에서 죽은 것이다. 독일을 떠난 순간부터 진행된 니체의 변태 과정은 이로써 일단락되었다.

니체의 바그너 비판을 세 가지 측면에서 살펴보았다. 결국 니체의 바그너 비판이 지향하는 바는 진정한 청각의 부활이다. 니체의 고백처럼 〈카르멘〉은 그를 더 잘 듣는 사람, 더 훌륭한 철학자로 성장시켰다. 차라투스트라 역시 세계의 언어를 더 잘 이해하기 위한 듣는 법을 새롭게 고안했다. 따라서 『차라투스트라는 이렇게 말했다』는 니체의 탈바꿈이 생리학적 차원에서 이뤄졌음을 시사한다.

낭만주의자나 형이상학자는 신적인 영감이 무(無)에서 유(有)를 창조하는 동력이라고 말한다. 하지만 니체는 마치 납덩이를 황금으로 바꾸는 연금술처럼 신체적 차원에서의 창조를 이야기한다. 니체 자신이 어머니의 신체가 되어 남성성과 여성성이 결합된 어떤 존재를 잉태한다. 부풀었던 배는 출산을 통해 다시 납작해지고, 해산의 고통에서 해방된다. 차라투스트라가 낙타와 사자, 어린 아이라는 세 단계의 변신을 보여주었다면 니체는 네 번째 단계로 암코끼리를 제시한다. 암코끼리는 그가 육체적으로나 정신적으로 혼란스러울 때 찾았던 구원의 치료제를 암시한다.

임신과 출산에 관한 이 이야기는 차라투스트라의 탄생을 상징하는 동시에 음악이 지닌 신체성을 여실히 보여준다. 우리는 차라투스트라와 음악의 신체성이 어떻게 연관되는지에 대한 단서를 니체가 활동했던 지중해 연안에서 발견할 수 있는데, 〈밤의 노래〉(*Nachtlied*)가 바로 그것이다. 이 곡은 니체가 로마에서 쓰긴 했지만 최초의 아이디어는 라팔로에서 겨울을 보낼 때 떠올린 멜랑콜리한 멜로디였다. 한 가지 수상쩍은 점은 이 악상을 악보로 남기지 않으려 했다는 점이다. 니체의 머릿속을 맴돌던 악상은 결국 피아노곡이나 가곡이 아닌 철학시의 형태로 표현되었다.

니체는 『차라투스트라는 이렇게 말했다』의 세 번째 장을 자신이 즐겨 걸었던 산책로와 연결시켰다. 이 산책로는 니스 근처에 위치한 에즈(*Èze*) 마을의 기차역에서 시작해 지중해 쪽으로 돌출된 요새 마을 위까지 이어진다. 산책로의 끝에서는 바위들이 V자를 이루며 교차하는 선명한 광경을 감상할 수 있다. 니체는 그곳에서 자신의 강건한 신체와 열정을 위버멘쉬를 위해 마련한 3장과 연결시켰다. 어쩌면 니체는 태양이 가장 높이 떠오른 정오에 이 길의 끝에서 지중해를 내려다보며 카스파 프리드리히의 그림 속 남자를 떠올렸을지도 모른다. 카스파 프리드리히가 그린 안개 자욱한 풍경은 프리드리히 니체라는 방랑자에 의해 선명한 풍경으로 치환되었다. 사이프러스 나무와 시스투스꽃에 둘러싸여 행복해했을 니체는 이렇게 말했다.

사람들은 종종 춤추고 있는 나를 보고 놀랐을 것이다.
그 시절 나는 일고여덟 시간은 거뜬히 가파른 산길을 오르내리길 수 있었다. 나는 푹 잤고 많이 웃었다. 내 생명력과 지구력은 완벽했다.

지금도 해마다 많은 철학자와 관광객이 이 위대한 선구자의 이름을 딴 가파른 오솔길에 찾아온다.

✻

니체의 부활이 차라투스트라 덕이었다는 점은 그의 음악적 주제와 희망을 해결하는 최고의 해독제가 시 쓰기였다는 사실을 말해준다. 그러나 우리는 니체가 작곡가로서의 성공이 좌절됐음에도 불구하고 자신의 정체성을 철학이나 시보다는 음악에서 찾았으며, 한순간도 음악가로서의 꿈을 포기한 적이 없었음을 잊지 말아야 한다. 그는 피아노를 통해 자신의 야망을 분출시켰고 바흐부터 비제에 이르기까지 좋아하는 음악가들과 대화했다. 슈만과 쇼팽, 바그너를 넘나들며 마음이 이끄는 대로 즉흥연주하고 작곡했던 곳도, 아름다운 가사에 어울릴 멜로디를 떠올리던 곳도 피아노 건반 위였다. 모든 인간 관계를 끊고 지독한 고독으로 자신을 내몰았을 때 역시 니체는 피아노 앞에 앉았다. 심지어 『차라투스트라는 이렇게 말했다』를 완성한 뒤에도 친구 페터 가스트에게 자신은 무엇보다 음악가가 되고 싶다고 털어놓았다고 한다.

음악가가 되겠다는 꿈은 자신의 진로를 신학과 음악 사

이에서 고민했던 어린 시절부터 키워오던 것이었다. 피아노에 대한 의존은 해가 바뀔수록 더 심해졌다. 피아노 앞에서만 위안을 찾았고, 자신의 지적 산물들을 폄하하면서까지 좌절된 꿈에 대한 아쉬움을 토로하곤 했다. 그의 작품 중 출판된 것은 〈삶을 위한 찬가〉가 유일하다. 악보를 헌정받은 친구 몇 명을 제외하면 니체의 작품을 연주한 사람은 니체 자신뿐이었다. 어쩌면 우리는 그의 철학적 저술을 음악 작업에 대한 보상, 혹은 '심오한 사상이 깃든 음악'이라고 치부할 수도 있을 것이다.

한 번 쯤은 니체가 철학을 위해 피아노와 음악을 모두 내려놓고 싶다는 유혹을 느끼지 않았을까 하는 추측도 가능하다. 타자기가 발명됐을 무렵, 타자기의 매력에 빠진 니체가 온종일 자판을 치며 놀았다는 기록이 이런 추측을 가능케 한다. 그럼에도 불구하고 니체에게 음악은 아무런 대가 없이 버릴 수 있는 한낱 취미가 아니었다. 음악은 산책과 정오의 명상처럼 그의 신체를 건강하게 유지해주는 필수 활동이었다.

음악은 니체에게 가치 평가를 위한 시간과 척도, 즉 규칙의 목록과 공명판을 제공했다. 이를 통해 세계를 청각적으로 사유할 수 있었다. 20세기 여러 철학자들이 그랬던 것처럼, 시각에 매몰된 철학을 뛰어넘기 위해 니체는 소리굽쇠를 들고 자신의 피아노 소리를 기준음 삼아 다양한 사유 체계와 작가들, 문화에 귀 기울였다. 우상을 부수기 위해 들었던 망치가 원래는 피아노의 현을 두드리는 해머가 아니었을까?

여러 니체 연구자들이 철학자 니체와 음악가 니체 사이

의 일관성을 주제로 논문을 썼다. 음악에 관한 글을 쓰는 니체와 음악을 연주하는 니체, 음악을 작곡하는 니체가 제각기 다른 모습으로 우리에게 다가오기 때문이다. 더구나 니체는 주변 상황과 장소, 기후에 매우 민감한 사람이었다. 철학을 하든 음악을 하든 일정한 리듬과 감정 상태를 유지하며 일관된 정체성을 관철시키기는 더욱 어려웠을 것이다.

니체는 피아노 건반 위에서 고통과 기쁨, 절제와 과잉, 뉘앙스와 힘을 경험했다. 고대 그리스에 관한 한 최고의 전문가였던 니체는 이 긴장 상태를 아폴론과 디오니소스의 대립으로 설명했다. 우리는 이성과 기독교적(또는 소크라테스적) 윤리의 권세에 눌려 디오니소스적인 것들이 질식당했던 역사에 가한 니체의 비판을 잘 알고 있다. 그러나 비극이든 오페라든 최고의 예술작품에서는 아폴론적인 것과 디오니소스적인 것이 균형을 이룬다.

니체가 피아노 연주에 대해 구체적으로 말한 기록은 매우 드문데, 『유고』에 비교적 자세한 언급이 나온다. 이 책에서 니체는 정돈된 운지법과 규칙적인 연습을 권장하고 있으며, 이것이 충동적으로 표현하고 싶은 욕망을 제어하는 유일한 길이라고 말했다. 그는 자유롭게 즉흥연주를 할 때도 박자를 지키려 애썼고, 순간순간 떠오르는 영감을 무절제하게 풀어놓기보다는 일정한 템포 안에서 표현하려고 했다. 그러다가도 이따금 규칙을 무시했을 때 튀어나오는 의외의 결과에 스스로 놀라기도 했다. 이것은 단순히 슈만이나 쇼팽의 음표에서 미끄러진 것이 아닌, 고전적 형식으로부터의 해방을 의미하는 것이었으므로 니체는 기뻐했고, 기존 가치를 넘어선 자신을 대견하게 여겼다. 이 경우는 건반을 완벽하게 통제하지 못했을 때 벌어지는, 다시 말해 건반을 헛짚어서 멜로디의 흐름을 끊는 것과는 성격이 완전히 다른 경우다.

    모든 예술은 리듬과 화성의 도움으로 추동력과 균형 사이의 긴장 상태를 유지한다. 리듬은 니체의 눈물을 기쁨으로 바꿔주었고, 육체가 지고 있던 무거운 감정의 짐을 덜어내어 다시 가벼운 발걸음으로 춤출 수 있게 해주었다. 니체가 피아노 연주에서뿐만 아니라 삶과 철학에서 이 상반된 양극을 어떻게 연결(articulation)했는지 관찰해보면 놀라울 따름이다. 그는 『이 사람을 보라』에서 철학적 영감에 대해 이렇게 말했다.

> 발가락 끝까지 타고 내려가는 전율의 한가운데서 그 떨림을 또렷하게 의식하는 하나의 완벽한 무아지경이 있다. (……) 리드미컬한 관계에 대한 본능은 형식의 드넓은 공간에 펼쳐져 있다. 리듬의 지속과 드넓게 펼쳐진 리듬에 대한 욕구, 이것은 영감에 서려 있는 힘을 재는 척도이며 그 압력과 긴장 사이에서 균형을 잡는다.

    이처럼 피아노는 니체에게 단순한 '악기' 그 이상이었다. 자신만의 피아노와 포르테를 발견하는 소리의 장소였고, 심각한 지적·정서적 균열로 미래에 대한 희망이 산산조각 났을 때 삶을 지탱할 수 있게 도왔다. 또한 그는 건반 위에서 마음껏 상상의 세계를 펼쳤다. 대화하고 싶은 상대—철학자보다는 주로 음악가—를 건반 위로 불러내어 가상의 대화를 나눴고, 스스로 그들처럼 역사에 남을 위대한 작곡가가 되는 영광을 꿈꾸었다. 반면 니체의 철학적 글쓰기는 독창성을 증명하고 우월한 위치에 서고자 하는 의지에 지배당했다. '니체'라는 특이한 이름으로 서양 철학사에 큰 획을 그었지만, 그의 글은 스스로를 무자비한 비평가, 고독한 예언가로 만들었다.

니체는 즉흥연주자로서, 또 작곡가로서 공연장에서 들었던 곡들을 입맛에 맞게 손질했다. 이 작업에 푹 빠진 그는 다양한 음악의 모티프들을 흉내내기도, 뜯어고치기도 하면서 온전히 자신의 것으로 만들었다. 이는 그가 가장 좋아했던 사상가 몽테뉴가 고전 작가들을 작품에 차용했던 문학적 기법을 피아노 연주에 도입한 것이다.

어떤 철학자의 사상을 내 몸에서 소화시키고 나면, 그 사상은 나의 사상이 되는 것이다. 니체는 귀를 통해 세계를 받아들이고 소화했다. 그리고 마침내 언어가 더 이상 그를 현실에 묶어둘 수 없게 되었을 때, 피아노는 그의 곁에 남아 영원한 소리굽쇠가 되어주었다.

—2007년 여름, 에즈에서

# Roland Barthes

### IV

# 피아노가
# 나를 어루만진다

프랑스에서 아마추어(*amateur*)라는 단어는 두 가지 뜻으로 쓰인다. 안목이 뛰어난 애호가를 뜻하기도 하고, 어떤 활동을 취미로 즐기는 사람을 가리키기도 한다. '아마퇴르 드 피아노'(*amateur de piano*)는 피아노 애호가를 뜻한다. 이들은 좋은 피아노의 음색과 소리가 나는 원리를 아는 것은 물론, 해머와 울림판의 품질을 평가할 줄 알며 일류 브랜드와 삼류 브랜드를 구분한다. 심지어 생산지와 재질에 대한 정보까지 알아보는 안목을 지녔다. 반면 '아마퇴르 오 피아노'(*amateur au piano*)는 아마추어 피아니스트라는 뜻으로 부정적인 뉘앙스를 풍기는 말이다. 이 유형에 속하는 사람은 피아노 테크닉을 완벽하게 연마하지 않고 가끔씩 재미삼아 연주할 뿐이다. 악보를 훌훌 넘기며 건반을 눌러보는 것에 만족하며 음악을 굳이 완벽하게 다듬으려 애쓰지도 않는다.

이 게으른 접근 방식을 도락(道樂)이라는 말로 좋게 포장해서 부를 수도 있다. '오늘 밤엔 피아노를 한번 쳐볼까?'

'굳은 손가락 끝에 멜로디를 좀 얹어볼까?'

어쩌다 한 번씩 피아노 뚜껑을 여는 연주자들에게 피아노는 기분 전환용이며 한시적인 즐거움을 선사한다. 제대로 훈련된 테크닉 하나 없이 허세를 부리며 피아노 건반을 누르고 싶어 한다. 이 의지박약한 연주자들은 형편없는 운지법과 결여된 리듬감 때문에 집에서만 연주하라는 저주를 받는다. 혹여 부끄러운 줄 모르고 남들 앞에서 연주하지 않는 한, 이들은 절대 집 밖에서는 연주할 수 없는 영원한 '아마추어'로 남을 것이다.

프로페셔널 연주자는 연주 활동으로 생계를 꾸리고, 아마추어 연주자는 본인의 기쁨을 위해서만 연주한다. 이 단순한 차이가 아마추어리즘이라는 말이 부정적 뉘앙스를 풍기게 만든다. 하지만 기량과 목적, 이 두 가지 기준만으로 프로페셔널과 아마추어를 구분하기는 쉽지 않다.

✳

니체를 아마추어라고 말할 수 있을까? 취미 수준을 훌쩍 뛰어넘는 그의 연주 솜씨만 놓고 보면 프로페셔널 음악가라고 부르는 게 맞을지 모른다. 악기를 다루는 기술의 숙련도에만 초점을 맞추면, 어떤 피아니스트가 아마추어를 벗어나 프로페셔널이 되는 경계를 규정하기 어렵다. 음악 학교의 입학 시험이나 콩쿠르는 상대적인 평가일 뿐이다. 그러므로 아마추어리즘을 정당하게 평가하려면, 연주자가 음악에 대해 어떤 생각을 갖고 있으며 자신의 악기와 어떤 독특한 관계를 맺고 있는지 관찰해야 한다. 이는 단순히 테크닉의 문제만 뜻하지 않는다.

롤랑 바르트는 매일 피아노를 연주했다. 그러면서도 글쓰기와 피아노 연주 사이에는 분명한 선을 그었다. 이 두 가지 활동은 충분히 바람직하게 연결될 수 있다. 하나의 곡을 직접 연주하는 것은 그 곡을 깊이 이해하는 데 내적인 지식을 제공하기 때문이다. 음악학자는 자신의 경험을 바탕으로 악보를 읽는다. 하지만 어떤 철학자는 아무런 음악적 체험도 해보지 않고 음악에 관해 말한다. 그런 이야기는 우리 주위의 누구라도 할 수 있는, 두루뭉술한 일반론, 그 이상도 그 이하도 아니다.

루소와 니체, 비트겐슈타인, 아도르노 그리고 사르트르와 장켈레비치는 그런 부류의 철학자가 아니었다. 이들은 악보를 읽고 분석하는 것은 물론, 연주도 할 줄 알았다. 음악에 관해 글을 쓰는 것과 악기를 연주하는 것, 이 둘의 관계를 어떻게 설정했는지는 각자가 다른 모습을 보인다. 특히 개인적 취향과 미학적 견해가 차이날 때 더욱 그러했다. 일례로 니체와 사르트르는 모두 쇼팽을 사랑했고 즐겨 연주했지만, 니체는 바그너에 대해 썼고 사르트르는 쇤베르크에 대해 썼다. 이 격차를 자기모순의 비밀스러운 증거로만 볼 수는 없다. 오히려 글쓰기와 연주를 의도적으로 분리하고자 했던 것은 아닐까.

음악을 연주하는 것과 음악에 관해 글 쓰는 것은 분리돼 있으면서도 연결돼 있다. 아도르노와 장켈레비치는 한 작곡가의 음악을 연주하고 그에 관한 글을 썼다. 한 작곡가에 관해 쓰면서 다른 작곡가의 곡을 연주하는 것도 얼마든지 가능하다. 가능한 또 하나의 조합은 자신이 연주하는 음악에 관해 쓰는 것이다. 바르트는 이 세 가지 중에서 마지막 조합을 택했는데, 음악 연주와 글쓰기 사이에 근본적인 차이가 있음을 인정한 장본인이 그런 선택을 했다는 점이 역설적이지만 흥미롭다. 자신의 피아노 연주를 중점적으로 분석한 바르트의 글은 공연의 성패 여부는 아랑곳 않고 악기에 흠뻑 빠져 연주하는 익명의 피아니스트들에 대한 비평이기도 하다.

아마추어리즘을 비평의 대상으로 삼아 음악학적 선회를 시도한 것은 분명 이제까지의 음악 비평과 다른 점이다. 바르트는 자신의 연주를 분석한 결과, 아마추어 피아니스트의 연주는 감정과 시간성을 '소리-물질'의 형태로 변환하는 작업에 그 본질이 있다고 말한다. 이 작업이 진행되는 동안 연주자는 피아노와 물리적으로 접촉할 뿐 아니라 정신적으로도 교감한다. 이 비밀스럽고 사적인 행동을 어떻게 이해해야 할까? 여기에는 아마추어리즘을 경멸하거나 폄훼하려는 어떠한 뉘앙스도 들어 있지 않다. 아마추어 피아니스트는 기량이 부족한 연주자가 아니다. 그저 남들과 다르게 연주할 뿐이다.

같은 아마추어 피아니스트라도 연습 방식과 선호하는 연주 스타일은 모두 다르다. 악보를 보면서 치는 사람이 있는가 하면 외워서 치는 사람이 있다. 매일 한 시간씩 피아노 연습을 하는 유형도 있지만 영감이 차올랐을 때만 치는 사람이 있다. 그밖에도 독주를 좋아하는 사람, 합주를 좋아하는 사람, 즉흥연주를 하는 사람, 전자악기를 사용하는 사람 등 아마추어 피아니스트의 유형은 매우 다양하다. 그러므로 나는 어떤 사람이고, 내 연주는 어떤 것인지에 대한 분석을 기반으로 타인에게도 적용할 수 있는 진실을 찾는 것이 바람직하다.

바르트는 사진에 관한 글을 쓰면서 자신만의 과학을 찾으려고 시도했었다. 하지만 그것은 실현 불가능한 야망이었다. 피아노가 연주자와 맺는 관계는 이미지가 감상자와 맺는 관계보다 훨씬 밀접하며 지속적이기 때문이다. 피아노를 처음 접하는 어린 시절부터 자신만의 해석이 가미된 연주를 하는 성인이 될 때까지 연주자와 피아노는 오랜 시간 함께한다. 그러므로 피아노 앞에 앉은 한 사람에 관해 이야기하는 것은 그의 존재 전체를 논하는 것과 같다. 피아노는 리듬이며 지속이다.

바르트는 자신의 삶에 대해 거의 말하지 않았다. 그는 연대기적 사건들을 회절시켜서 자신만의 시간성을 창조하길 좋아했는데, 그의 마음속 피아노에는 과거와 현재, 미래가 뒤죽박죽 섞인 악보들이 조각난 채로 놓여 있었다. 감정과 사유는 악보에 표식을 남긴다. 그리고 이 기록은 시간 순으로 가지런히 배열되지 않는다.

바르트가 쓴 글은 언뜻 일관성이 없고, 개인적인 음악 체험을 사변적 담론으로 확장하려는 것처럼 읽힌다. 특히 자신과 타인에게 동일하게 적용할 수 있는 진실을 찾으려는 시도는 무모해 보이기까지 한다. 우리는 모두 유동적이고 변화무쌍한 존재인데 말이다. 바르트도 처음부터 학문적으로 엄밀한 미학 이론을 체계화할 생각은 아니었다. 아마추어리즘에 대한 소박한 철학 에세이 정도를 염두에 두었을 것이다. 피아노를 치는 사람이라면 누구나 몸과 시간, 몸과 건반, 몸과 소리의 관계를 설명하기 위해 약간의 철학이 필요하기 때문이다. 피아노 앞에 앉은 우리는 언제나 자신에게 묻는다. '그' 소리를 내려면 건반을 언제, 얼마나 세게 그리고 얼마나 오래 누르고 있어야 할지…….

바르트는 아마추어리즘에 대한 아이디어를 삶의 이곳저곳에 가벼운 터치로 묘사했다. 그는 연주할 때 자신이 얼마나 즐거운지 표현했고, 그 즐거움을 글 쓰는 책상 위로 가져와서 현상학자와 심리학자의 방식으로 분석을 이어갔다. 이론적인 설명은 피아노와 관련된 그의 취향과 감성, 섹슈얼리티에 대한 묘사가 대신하고 있다. 거기에는 음악을 듣고 악보를 읽는 것 외에 관능적인 이해를 수반한 내면의 연주가 있다. 연주자의 두 손과 열 손가락은 눈과 귀에 가려 빛을 잃어서는 안 된다. 피아니스트가 자신의 음악 세계를 표현하고 구축하는 데 사용하는 것은 손과 손가락이다.

바르트에게 음악학, 기호학, 사회학 같은 학문적 엄밀성으로 명쾌한 담론을 제시하길 기대한 사람은 혼란스러울 것이다. 그의 말은 학술적이고 체계적이지만 다른 한편으로는 지극히 개인적이고 감정적이기 때문이다. 그런 이유로 오늘날 바르트는 지적인 인상주의자라는 비판을 받곤 한다. 그리고 학계에서는 바르트의 작품에서 다뤄지는 주제들을 시기적으로 구분한다. 바르트의 산발적인 텍스트들을 논리 정연한 하나의 이론으로 통합하고 변형시키려는 것은 아니다. 나는 그의 텍스트에 내재한 리드미컬한 선율을 따라가고자 한다. 그 과정에서 피아노 연주가 롤랑 바르트의 철학에 어떤 영향을 주었는지, 무엇을 촉발했고 전이시켰는지 들을 수 있을 것이다.

※

바르트는 잡다하다고 할 만큼 여러 이론을 들쑤시고 다녔다. 학문을 대하는 그의 태도와 피아노를 연주하는 행위 사이에 서로 통하는 무언가가 있지 않을까? 나는 그가 학문과 피아노를 대했던 태도에서 특정 이론에 사로잡혀 옴짝달싹 못하는 상태에 빠지지 않도록 조심스럽게 다가서는 애정 어린 시선을 보았다. 바르트는 망설이기를 좋아했다. 자신만의 세계관을 고집하려는 충동은 언제나 뒤로 미루었다. 강단에서도 같은 태도를 취했는데, 청중이 많이 모인 강연에서 그의 목소리는 힘없이 잦아들었다. 교수다운 위엄이나 카리스마는 찾아보기 힘들었다. 바르트는 대규모 강연을 싫어했다. 언젠가 강연장의 분위기가 대마초를 피우는 곳 같았으면 좋겠다고 말한 적도 있다. 말은 말 자신을 의미와 문법에서 해방시킨다. 모락모락 피어오르는 담배 연기가 단조로운 선율과 뒤엉키면서 말은 점차 음악이 되어간다. 슈프레히게장[32]

---

32 Sprechgesang ☛ 노래처럼 들리는 말, 또는 말처럼 들리는 노래를 뜻한다. 넓은 의미로는 오페라나 칸타테에서의 레치타티보를 가리키기도 한다.

과 마리화나. 바르트는 달빛에 홀린 피에로가 되고 싶어 했다. 그 역시 사르트르가 심각한 정신이라고 불렀던 독단론, 이성 중심주의 철학에서 도망치길 바랐다. 음악의 심리학과 사회학, 미학 그리고 에로티시즘까지. 바르트는 학문과 학문 사이를 미끄러지듯 떠다녔고, 이런 접근은 어느 하나에 매몰되지 않는 한 유의미한 것이었다.

프랑스 뮈지크[33]에서 라디오 방송을 함께하자는 클로드 모포메의 제안을 받아들였을 때 바르트는 철학자나 음악학자의 역할을 모두 마다했다. 대신 자신의 취향을 오롯이 반영한 선곡표를 보며 청취자들과 함께 들을 생각에 기뻐했다. 균형 잡힌 프로듀서라면 청취자를 위해 뻔한 선곡과 의외의 선곡, 성악곡과 기악곡, 교향곡을 적절히 안배할 줄 알아야 한다고 생각했다. 드보르작, 슈베르트, 슈만, 베베른의 작품 뒤에 마리아 칼라스가 부른 벨리니의 〈이 퓨리타니〉(*I puritani*)를 들려주는 깜짝 선물을 한 뒤 몬테베르디의 〈시편〉 두 곡을 틀어서, 앞서 들었던 음악들을 하나로 엮으며 자신만의 콘서트를 마무리했다.

바르트는 이 라디오 놀이를 행복해했다. 라디오 놀이는 철학적 논쟁과는 거리가 먼, 자신의 초상을 그리는 일이었기 때문이다. 세상 모든 것을 다각도에서 보려고 했던 바르트였지만 음악에 관해 말할 때만큼은 늘 자신의 감정과 연주를 우선시했다.

일찍이 바르트는 음악 연주가 사회학적 분석의 대상이라는 사실을 이해하고 있었다. 피아노 연주는 계급적 활동이었기 때문이다. 특히 19세기에 피아노를 연주한다는 것은 음악을 발견한다는 것과 같은 의미였다. 우리는 앞에서 악보에 지나치게 탐닉했던 니체 이야기를 했다. 니체는 슈만의 어떤 곡이 궁금하면 기필코 악보를 입수했고, 극장에서 들었던 오페라의 필사본을 구해 직접 연주할 정도로 악보에 집착했다. 녹음 장비나 음향기기가 없던 시절, 피아노는 음악을 탐험하는 도구였다. 하지만 축음기와 라디오, 테아트로폰[34]이 등장하면서 피아노는 수로 가성에서 사용하게 되었다. 오늘날에는 모든 음악을 인터넷으로 쉽게 접할 수 있기 때문에 어떤 음악이 궁금하다고 해서 악보를 사는 일은 흔치 않아졌다.

바르트는 피아노 연주가 이미 19세기 부르주아지 계층에서는 일상적이었다는 사실을 간파했다. 파티에 초대된 손님들의 흥을 돋우기 위해 혹은 미래의 사위에게 매력을 발산하기 위해, 집주인은 자신의 딸에게 쇼팽 왈츠를 연주하게 했다. 이렇듯 피아노는 특정 계층이 누리는 삶의 방식을 대변하는 하나의 기호로 소비되어 왔다. 한 개인이 사회적 기호 체계에서 완전히 벗어나는 것은 불가능할 뿐 아니라 이러한 욕망은 그 자체로 특수한 사회적 지위를 갖는 것이라는 부르디외 학파의 생각에 바르트 역시 동의했다.

그럼에도 불구하고 바르트는 개인을 사회화시키려는 체

---

33 France Musique ☛ 프랑스 공영 라디오 방송국의 라디오 채널 중 하나.
34 Théâtrophone ☛ 전화 수화기로 음악과 오페라를 들을 수 있도록 고안된 장치. 루스트는 테아트로폰으로 바그너의 오페라와 드뷔시의 오페라 〈펠레아스와 멜리장드〉를 들었다.

제의 압력에 맞서는 방법에 대한 개인적 연구는 누구도 막을 수 없다고 생각했다. 바르트에게 피아노 연주는 그러한 저항의 수단이었다. 그는 부르주아지의 방식으로 피아노를 이용하지 않았다. 프로 연주자가 되기 위해 피아노를 연습하지도 않았다. 콘서트홀의 피아노는 음악적 소통을 위한 도구가 아니라 기교를 뽐내기 위한 수단으로 변질됐다고 본 것이다. 그는 피아노 연주가 나아가야 할 제3의 길을 표명함으로써 자유를 행사했다. 냉철한 거장의 완벽한 연주보다 아마추어 피아니스트의 연주를 더 좋아했으며, 관객석에서 '와!' 하는 감탄사가 터져 나오는 것을 들으려고 현란한 기교를 부리는 연주자보다 관객들과 음악의 즐거움을 소통할 줄 아는 연주자를 더 높이 샀다. 이들은 종종 건반을 잘못 누르는 실수를 하기도 한다. 하지만 듣는 이에게 음악에 참여하고 있다는 느낌, 심지어 함께 음악을 연주하고 있다는 느낌까지 안겨준다.

바르트는 짓궂게도 클라라 하스킬이나 디누 리파티처럼 자신이 좋아하는 연주자를 '완전무결한 아마추어'라고 평가함으로써 프로페셔널리즘과 아마추어리즘의 경계를 흐렸다. 누구나 아는 유명한 연주자 대신 '애매모호한 아마추어'를 찬양하면서, 이들이 애매모호한 아마추어인 이유는 불완전한 테크닉이 아니라 음악과의 애정 어린 관계 때문이라고 설명했다.

날이 갈수록 음악대학과 콘서트홀에서는 테크닉이 뛰어난 연주자와 훌륭한 연주자를 동일시하는 추세로 바뀌었다. 그때마다 바르트는 아마추어 연주를 대안 연주로 옹호했다. 아마추어 피아니스트에게 피아노 연주는 취미 활동 너머에 있는 기풍이자 삶의 방식이다. 바르트는 이런 종류의 연주를 장려하기 위한 이론적 기틀을 따로 마련하지는 않았다. 다만 이것을 자신의 취향으로 간직하며 실존적 선택으로 확신했을 뿐이다.

피아노를 대하는 비변증법적이고 자기중심적이며 열정적인 그의 태도는 니체를 떠올리게 한다. 그는 자신만의 감정과 느낌으로 내면에 풍경을 그렸다. 음악의 비언어적인 부분을 굳이 철학적으로 분석하거나 언어로 표현하려 하지 않았다. 그에게 중요한 것은 음악을 제대로 즐기는 것이었고, 음악의 기쁨을 사람들과 나누는 과정에 깃드는 순수한 행복이었다.

바르트는 연주에 대한 사유와 즐거움을 연계시킴으로써 아마추어리즘의 위상을 회복시켰다. 그리고 건반 위에서 펼쳐지는 터치의 현상학을 제안한다. 음악가이면서 동시에 철학자였던 다른 사상가들과 마찬가지로 바르트도 음악의 시간 속에 들어온 육체가 존재하는 방식에 관심이 많았다. 우리는 니체와 사르트르에게서 사유와 감각의 격차가 발생시키는 불협화음을 발견했다. 피아노는 감각과 사유 사이에 일관되고 동시 발생적인 관계를 창조하기는커녕 악기를 다루는 자아와 사유하는 자아를 쉴 새 없이 변화시킨다. 이것은 엄연히 도발이다. 음악은 시간의 흐름에 따른 변화를 요구하고, 육체를 소리-물질에 결부시킨다. 바르트는 『사랑의 단상』에서 이렇게 썼다.

몰두하고 참여하고 강렬히 느끼는 것.

아마추어 피아니스트의 육체는 변덕스럽고 변화무쌍하다. 이들은 다르게 듣고 다르게 느끼며 다르게 생각한다. 집요하게 파고들지 않고 마냥 '좋아하기' 때문이다. 이것이야말로 아마추어의 정의다. 이들은 자신의 의지로 음악을 발견하고 배웠다고 생각할 것이다. 하지만 바르트가 보기에 아마추어는 스스로 알아차리지 못할 만큼 천천히 그리고 조금씩 소리와 리듬의 세계로 스며들었고, 그 과정에서 자신의 육체 또한 소리와 리듬의 육체로 변한 것이다. 이들은 자신이 소리와 리듬의 세계로 진입하고 있다는 사실에 대해 어떠한 암시나 변화도 알아채지 못했을 것이다.

이 이야기는 여기서 잠시 멈추고, 피아노가 놓여 있는 롤랑 바르트의 공간으로 들어가 보자. 이제 그가 악보를 펼친다.

✶

〈파가니니의 카프리치오에 의한 *6개의 연주회용 연습곡 Op.10*〉. 늘 그렇듯 슈만이다. 바르트는 흥얼거리며 악보를 넘긴다. 연습곡 2번 악보가 눈앞에 펼쳐진다. 첫 번째 곡보다는 칠 만해 보인다. 낮은음자리에 16분음표로 그려진 셋잇단음표가 둘째 박부터 오른손과 분리되면서 왼손은 독립성을 얻는다. 연습곡 2번은 오른손의 방황을 허락하고 있다. 고분고분 박자를 따라 멜로디를 연주하는 대신 마디 안에서 자유롭게 내달린다. 바르트는 왼손잡이였다. 몸의 왼쪽 반이

하는 이야기를 더 세심히 듣던 그였기에 오른손에게 봉사하는 반주자로 역할이 제한됐던 왼손이 겪은 음악적 속박을 항상 의식하고 있었다. 왼손이 합당한 대우를 받게 된 건 라벨이 파울 비트겐슈타인[35]의 위촉으로 〈왼손을 위한 협주곡〉을 작곡하면서부터라 할 수 있다.

바르트는 낭만주의 작곡가, 특히 쇼팽이 왼손에 부여한 독립성을 높이 평가했다. 하지만 슈만 연습곡의 두 번째 파트부터는 두 손이 완벽하게 동시에 움직여야 한다. 설렘, 낭만주의적 나붓거림 따위는 허락되지 않는다. 그리고 무엇보다 빠르게 쳐야 한다. 너무 느리지 않게(*non troppo lento*)! 하지만 바르트는 악보의 지시를 그대로 따르지 않고 느리게 치는 걸 선호했다. 화음이 도드라져 들리게 하기 위해서였다. 그는 사람들에게 연주 요청을 받을 때마다 "저는 작품을 끝까지 치기는 하지만 원래의 템포를 따르지는 않습니다"라는 말로 빠져나갈 구멍을 마련하곤 했다.

어떤 때는 연주를 멈추고 악보를 뒤로 넘기기도 했다. 연습곡 3번과 4번은 너무 어려워 보이므로 몇 악절만 연주한다. 연습곡 6번은 화음이 너무 많아서 그날의 기분에 따라 연주하는데, 어떤 날은 화성을 펼쳐서 웅장한 느낌이 나게 아르페지오로 연주하고 또 어떤 날은 멜로디 라인을 강조해서 치기도 한다. 바르트는 이렇듯 자신만의 리듬과 템포로 연주했다.

---

35  Paul Wittgenstein(1887~1961) ☛ 오스트리아 빈 출생의 피아니스트. 철학자 루트비히 비트겐슈타인의 두 살 위 형이다. 제1차 세계대전 당시 폴란드에서 정찰 임무를 수행하던 중 벌어진 전투로 오른팔을 잃었다.

*왜 사람들은 시시각각 변하는 기분은 무시한 채 작품을 쓰여진 대로만 연주하는가? 나는 악보를 읽을 줄은 알지만, 어떻게 연주하는지는 모른다.*

바르트는 자신을 피아니스트라기보다 '빠른 연주를 못하는 초견연주자'라고 소개하곤 했다. 이 솔직한 고백은 그의 겸손을 드러내는 것만큼이나 악보 읽는 것을 그가 얼마나 특별하게 여겼는지 말해준다. 바르트는 피아노 의자에 앉아서 하나의 작품을 완벽하게 만들기 위해 다듬고 해석하느라 시간을 보내지 않았다. 보면대에 펼쳐놓은 악보 사이를 산책하는 마음으로 어슬렁거리는 것이 그 스스로 제안한 대안적 피아노 연주법의 목적이었다. 악보의 숲을 걷다가 마음에 드는 부분이 있으면 부분 연습도 해보고, 살짝 다르게 바꿔서 치는 변덕도 부렸다.

나쁜 암기력 탓인지, 아니면 악보를 보는 습관 탓인지 정확히 알 수 없지만 바르트는 악보를 외워서 치지 않았다. 반드시 악보를 펼쳐놓고 눈으로 보면서 연주했다. 아마추어 피아니스트를 유형별로 나눌 때 '손으로 더듬는 연주자'와 '눈으로 읽는 연주자'라는 분류법도 가능할 것이다. 첫 번째 유형은 직관에 의존해서 연주하는 부류다. 본능적으로 건반을 누르면서 작품과 연루된 기억의 조각들을 불러들이고, 흩어져 있던 기억의 조각들을 자연스러운 연주로 짜 맞춘다. 바르트가 속한 두 번째 유형은 악보를 읽는다. 바르트는 『텍스트의 즐거움』에서 텍스트를 어떻게 음미하는지 보여주었다. 그러므로 바르트가 텍스트를 향유했던 방식 그대로 악보를 사랑했으리라 짐작하는 것은 별 무리가 없어 보인다.

그렇지만 이 두 가지 읽기를 같은 것으로 취급해선 안 된다. 글자를 읽는 것과 음표를 읽는 것에는 서로 전혀 다른 독법이 작용하기 때문이다. 처음 접하는 악보를 보자마자 바로 연주하는 이 놀라운 능력을 어떻게 설명할 수 있을까? 초견 연주는 눈뿐만 아니라 잘 훈련된 손을 필요로 한다. 이런 이유로 바르트처럼 '읽는' 유형의 연주자들은 감정이입에 상당한 어려움을 겪는다. 음악 이론서에 실린 악보를 읽듯이 피아노 악보를 '읽어서는' 좋은 연주를 기대하기 어렵기 때문이다. 두 가지 독법의 차이를 따로 강조하지 않더라도, 우리는 즉석에서 악보를 읽으며 연주할 때가 상상력을 동원해 소설을 읽을 때보다 훨씬 강렬한 몰입이 필요하다는 사실을 알 수 있다.

바르트는 피아노를 연주할 때 몸과 악보가 서로 연결되는 기쁨을 누렸다. 그에게 악보를 '읽는 것'은 피아노 앞에 앉아 음악을 '실천하라'는 부름에 답하는 것이었다. 바르트가 녹음된 음악을 좋아하지 않았던 것은 그 때문이다. 프랑스 뮤지크에서 선곡을 도맡았던 라디오 디제이가 음반을 즐겨 듣지 않았다는 사실은 놀랄 만한 일이다. 바르트가 악보를 읽는 연주자였던 것은 맞지만 음악과 관계를 맺을 때는 언제나 감정이입에 입각해서 이루어졌다. 피아노를 치는 내내 자신만의 템포와 감정선 그리고 미숙함마저 그대로 유지한 채 소리의 우주가 몸 안으로 꿰뚫고 들어가길 간절히 소원했다.

※

　아마추어의 연주가 서툰 이유는 부족한 테크닉 때문만은 아니다. 악보에 쓰인 대로 연주해야 한다는 강박에서 자유롭기 때문에 다소 어설프게 들리는 것이다. 바르트는 싸이 톰블리[36]의 작품에 표현된 얼룩과 물감 자국의 가치를 이야기하면서 미숙함에 대한 찬양을 늘어놓은 적이 있다. 음악가의 어설픔에 대해서는 글로 쓰지 않았지만 박자는 자신에게 그리 중요한 문제가 아니라고 말하곤 했다. 사르트르가 쇼팽의 녹턴을 칠 때처럼 바르트도 리듬에 얽매이지 않는 그런 연주를 추구했을까? 이 질문에 답하려면 사르트르와 바르트, 이 두 명의 아마추어 피아니스트가 리듬과 어떤 관계를 맺었는지 살펴봐야 한다.

　사르트르는 시시각각 변하는 현실 역사에 즉각적으로 반응해야 직성이 풀리는 인물이었지만 다른 한편으로는 자신의 시대를 벗어나고 싶은 열망을 항상 지니고 있었다. 사르트르에 비하면 바르트는 덜 모순적이라고 할 수 있다. 바르트가 하는 작업은 물리법칙을 따르는 형이하학적 형식으로서의 시간과 실존적 주체로서의 개인이 경험하는 시간, 그 사이 어딘가에 있다. 한번은 프랑스 뮈지크, 프랑스 퀼튀르와 가진 라디오 인터뷰에서 바르트는 자신의 희망사항을 말했다. 그것은 온전히 자신만의 속도로 연주할 수 있는 여유, 그리고 연주 도중 멈칫해서 아무 소리가 나지 않게 되더라도 그 침묵의 시간을 존중해주는 것이었다. 그러므로 그가 지키고자 했던 것은 시간이다. 미래의 녹음 기술이 지워버릴 시간의 얼룩, 혹은 얼룩진 시간. 급진적으로 향상된 사운드 뒤로 사라진 시간들. 바르트는 잃어버린 시간을 찾고 싶었다.

아마추어리즘은 어설프게 연주하는 것을 일부러 의도한 미학인 양 포장하지 않는다. 미숙한 연주를 있는 그대로 받아들이고도 충분히 예술로 정의될 수 있기 때문이다. 아마추어 피아니스트의 연주는 의도된 미숙함인지 아니면 진짜로 미숙한 것인지 분간하기 어려울 정도로 그 경계를 넘나든다. 이들은 작품을 있는 그대로 정확하게 연주해서 완성하는 것이 아니라 끊임없이 시작하고 중단했다 다시 시작하기를 거듭한다. 바르트의 경우 악보를 넘기면서 대략적인 윤곽을 잡고 연주를 시작하지만 끝까지 연주하지는 않았다. 긴 호흡의 소나타보다 짧은 작품을 선호했던 건 이런 이유에서였다. 아무런 부담없이 건반을 터치하고 직관적으로 음악을 받아들이기. 참고문헌 사이를 순환하면서 인용문을 마음껏 내 문장으로 만들기(가벼운 세계가 어떤 느낌인지 알고 싶다면 몽테뉴의 『수상록』을 읽어볼 만하다).

바르트의 방식으로 악보를 읽을 때 우리는 어떤 이론으로도 설명하기 어려운 스타일과 복잡미묘한 감정을 느낀다. 이는 두 개의 세계, 즉 몸과 피아노가 조우하는 순간의 독특함에 관한 것이다. 왜냐하면 해석(*interprétation*)이라는 단어를 문학(혹은 철학)과 음악에서 서로 다른 의미로 사용하

---

36  Cy Twombly(1928~2011) ☛ 미국의 추상회화 작가이자 조각가이며 사진가. 회색 또는 미색 평면에 특유의 드로잉과 기호들, 장난스러운 낙서를 휘갈긴 큰 스케일의 작업으로 유명하다.

듯, 처음 보는 악보를 즉석에서 연주하는 것(*déchiffrage*)은 텍스트를 판독(*déchiffrement*)하는 것과 비슷하면서 다르기 때문이다.

바르트는 오래전부터 악보가 지닌 물성에 관심을 갖고 있었다. 그에게는 가문 대대로 내려오는 악보집이 있었는데, 어렸을 때부터 이 악보집을 각별하게 생각했다. 악보를 낱권으로 사는 대신, 할머니가 소녀 시절부터 봐온 베토벤과 슈만의 악보집으로 연습했다. 악보집은 할머니가 손수 써놓은 손가락 번호로 가득했다. 가족 서재에 꽂혀 있는 책들도 마찬가지여서, 페이지의 여백마다 선조들이 책을 읽으며 남긴 메모와 밑줄 그은 흔적이 그대로 남아 있었다. 책과 악보는 확실히 닮은 구석이 있다.

바르트는 할머니의 낡은 악보를 펼쳤다. 음표 아래에는 손가락 번호가 적혀 있었다. 이 숫자들은 이전 세대 연주자들이 기교적 어려움을 극복하기 위해 남긴 기호이며 연습의 흔적이다. 바르트는 그 손가락 번호대로 자신의 손가락을 건반 위에 올려놓았다.

『롤랑 바르트가 쓴 롤랑 바르트』에는 바르트의 가족 사진에 관한 이야기가 나온다. 바르트는 사진에서 가족들이 생각에 잠길 때 취하는 팔꿈치 자세에 주목했다. 조상들에게 대대로 물려받아서인지 서로 닮아 있었으며 어딘가 사색적인 분위기를 자아내고 있었다. 아마도 그는 할머니가 적어 놓은 손가락 번호를 따라 연습하면서 자신의 현재 손 자세가 만들어졌으리라 생각했을 것이다. 손가락 번호는 하나의 기호에 지나지 않는다. 번호 그 자체는 할머니의 손가락과 닮지 않았다. 하지만 바르트는 그 숫자들에 이끌려 어린 시절을 떠올렸고 추억에 잠겼다. 이 악보 앞에 한 연주자가 존재했었고 바르트는 자신의 손을 통해 할머니의 존재와 부재를 체험했다. 다시 말하지만 피아노를 연주할 때 이뤄지는 우리의 모든 신체적 움직임은 곧 음악을 읽는 행위와 직결된다.

사르트르의 연장선상에서 그는 상상의 역설을 발견했다. 상상의 역설이란 어떤 대상을 실제로 만질 수는 없지만 존재하게 할 수 있는 것을 뜻한다. 이것이 가능한 이유는 우리의 상상력이 만들어낸 인식은 허구 세계에 존재하지만 과거와 실제로 연관돼 있기 때문이다. 사진으로 말하면, 피사체가 렌즈 앞에 실제로 놓여 있었기 때문이다. 모든 이미지가 공통적으로 전제하는 하나의 명제는 '그것이 거기 존재하고 있었다'(*Ça a été*)는 사실이다.

바르트는 『밝은 방』에서 이 명제로부터 사진의 노에마[37]를 이끌어냈다. 할머니의 손가락 번호가 적혀 있는 과거의 악보는 사진 이미지보다 더 섬세한 터치로 이미지와 기호를 교란시킨다. 할머니가 써놓은 손가락 번호를 본 바르트는 앳된 얼굴을 한 소녀가 피아노 치는 장면을 떠올릴 것이다. 색이 노랗게 바랜 악보가 할머니의 실제 연주를 시각적으로 보여주는 것은 아니다.

---

37 Noema ☛ 의식의 작용으로 사유된 의식내용(Denkinhalt) 혹은 객관적 대상을 뜻하는 후설의 현상학 용어. 아직 의미를 갖고 있지 않은 순수한 질료 상태의 대상에 우리의 의식작용이 더해져 의미를 부여하는 관념의 작용을 노에시스라고 하고, 그렇게 형성된 의미를 노에마라고 한다.

하지만 이 악보는 그녀의 소녀 시절 이야기를 풍부하게 들려주고 있다. 피아노 의자에 앉았을 때 몸은 어떻게 가누어야 하고, 손가락은 어떻게 구부려야 하는지. 손가락이 꼬이지 않게 엄지를 움직이는 방법과 손목에 들어간 힘을 풀고 릴렉스한 상태로 피아노를 치는 법에 대하여. 할머니는 피아노를 칠 때 이런 생각들을 하면서 연습했을 것이다. 그러므로 할머니의 악보는 과거의 시간과 연주를 기록한 '현존의 보관소'다.

∗

바르트는 언제나 낭만주의 음악에 매력을 느꼈다. 그렇다면 그가 경험한 피아노는 우울한 것이었을까? 여기서 정신질환에 대해 말하려는 것은 아니다. 우울증도 삶의 한 방식이며 우울과 기쁨이 공존하는 것이 불가능한 것은 아니기 때문이다. 바르트와 사르트르는 모두 낭만주의 취향을 가지고 있었다. 하지만 사르트르가 패러디와 감정 이입 등 폭넓은 스타일로 익살스럽게 연주했다면, 바르트는 시종 단조로움을 유지한 채 그 안에서 감정의 진폭을 조율하며 연주했다. 괴짜였던 사르트르에 비하면 바르트는 점잖은 편이었다. 니체와 비교하면 어땠을까? 우울증의 측면에서 니체는 바르트와 더 가까웠지만 음악으로 인정받지 못해서 겪은 고통은 니체가 더 심했다. 바르트는 니체처럼 외향적인 성격은 아니었다. 감정을 과도하게 드러내보이는 것, 즉 무절제한 파토스의 남용은 바르트가 경멸하던 것이기 때문이다.

바르트는 종종 과거에 대한 생각에서 헤어나오지 못했다. 하지만 피아노 건반 위에서 보낸 하루하루는 그를 언제나 현재에 있게 했다. 그는 새로운 곡을 익히기 위해 초견으로 칠 때 악보의 마지막 페이지까지 치는 법이 없었다. 대략적인 윤곽만 파악하면서 새로 만난 곡을 어디까지 칠 것인지는 그때그때 자유롭게 정했다. 이는 가벼운 독서법이다. 이런 방식으로 악보를 읽으면 일시적으로 음악에 빠져들되 음악적 파토스에 완전히 잠기는 사태를 막을 수 있다. 다시 말해 악보에서 표면적 기쁨을 취하고 빠져나오는 것이다.

그럼에도 불구하고 바르트의 연주에는 다양한 기억들이 녹아 있다. 작곡가에 대한 기억, 음악사에 한 획을 긋고 떠난 위대한 연주자에 관한 기억, 그리고 무엇보다 자신이 피아노를 어떻게 배우게 되었는지에 관한 기억이 그의 머릿속을 가득 채우고 있었다. 프로 연주자는 점진적으로 실력을 향상시킨다. 음악 학교나 마스터 클래스에서 선생님의 가르침대로 문제점을 수정하고 약점을 보완한다. 그리고 궁극에 가서는 이제까지 배웠던 모든 것으로부터 자신을 해방시킨다. 하지만 아마추어 연주자는 피아노를 처음 접했던 당시 모습을 그대로 간직하고 있다. 심지어 이들은 테크닉이 좋아져도 어설픈 손 모양이나 템포의 문제, 고르지 않은 터치 같은 단점을 버리거나 고치지 않는다.

바르트는 피아노를 치며 유년의 기억을 떠올리곤 했다. 생의 마지막 해였던 1980년, 그는 음악이 불러일으키는 향수에 관한 짧은 글을 쓴다. 「피아노-회상」(*Piano-souvenir*)이라는 글인데, 여기서 그는 어렸을 때 늘 음악과 함께하는 가족에 둘러싸여 지냈지만 정식으로 개인 레슨을 받은 적은 없다고 쓰고 있다. 바욘에 사는 고모한테 배운 것이 그가 살면서 받은 피아노 레슨의 전부였다. 아직까지도 어디선가 스케일 연습하는 소리가 들리면 자연스레 바욘에서 피아노 레슨을 받던 풍경이 떠올랐다. 기억은 꼬리에 꼬리를 물며 이어졌고 바르트는 그 기억들을 프루스트적인 방식으로 재배치한다.

피아노 소리는 한동안 잊고 살았던 과거의 추억을 재개시키며, 소리의 기억은 과거로서의 현재, 영원히 잊혀질 과거가 되기 전에 추억으로 채색된 현재를 만들어낸다. 바르트에 따르면 시간을 구성하는 매 순간은 '다가올 과거'(*un passé à venir*)이기 때문이다. 한마디로 바르트에게 피아노는 노스탤지어 공장 같은 것이었다. 바르트와 피아노의 관계는 자기 완료적이다. 이 관계는 과거를 회상하며 추억에 잠기는 것이 아니라 현재를 모든 시제에서 구출하는 것을 목표로 한다. 피아노는 하나의 추억으로 기억될 준비를 하고 있다.

바르트는 자신처럼 프로테스탄트 문화에서 자란 앙드레 지드에 대해 이야기할 때 종교개혁이 그에게 미친 영향뿐만 아니라 훌륭한 피아노 실력에 대해서도 빼놓지 않고 언급했다. 바르트에게 피아노는 어떤 종교음악보다도 '어머니'라는 종교와 깊이 연결돼 있었다. 아버지 없이 어린 시절을 보낸 그로서는 피아노가 가정적이거나 여성적인 것과 자연스럽게 결부됐을 것이다. 바르트와 어머니 사이의 유대감이 풀루와 어머니의 관계처럼 유별나게 친밀했던 건 아니다. 하지만 바르트는 그가 사랑했던 작곡가들의 음악을 통해서 피아노와 어머니에 대한 애착을 연관시키곤 했다. 그런 이유로 바르트는 베토벤보다 슈베르트를 더 좋아했다고 말했다. 슈베르트 음악에는 어머니의 사랑을 갈구하는 아이의 마음이 담겨있지만 베토벤의 음악은 너무 남성적이었다.

한편, 슈만의 음악에는 어머니에게 사랑받고 싶어 하는 아이의 정서가 한껏 고조되어 있다. 슈만은 어렸을 때 어머니를 제외한 그 누구와도 정서적 유대를 맺지 못한 아이였기 때문이다. 이 지점에서 바르트는 아이였던 시절의 향수를 끌어들여 아마추어리즘을 변호한다.

슈만은 두말할 나위 없이 프로페셔널 음악가였다. 하지만 그의 테크닉은 비할 데 없이 지고지순했으며 그 어떤 남성적인 힘도 필요로 하지 않았다. 그가 작곡한 가곡의 텍스트가 부드러운 어머니의 언어, 즉 모국어로 쓰였다는 사실이 이를 뒷받침한다. 슈만의 인생에는 어머니와 클라라, 이렇게 두 여인이 있었다. 어머니는 노래하는 사람이었고, 클라라는 슈만이 결혼 첫 해에만 100곡 넘는 가곡을 쓰게 했을 정도로 영감을 준 존재였다. (바르트 역시 지니고 있던) 슈만 특유의 멜랑콜리는 그의 음악 속에서 어머니의 목소리처럼 자애로운 파동으로 일어난다. 롤랑 바르트는 피아노 앞에 앉아 슈베르트와 슈만의 음악이 찬미하는 '어머니'를 통해 자신의 어머니에 대한 이야기를 은연중에 들려준다. 언제나 그의 마음 한구석에는 개성 있는 외모에 가족주의로부터 자유로웠던 어머니 생각이 자리 잡고 있었다.『밝은 방』에서 바르트는 슈만이 정신적으로 완전히 무너지기 전에 작곡한 마지막 작품 중 하나를 이야기하며, 어머니에 대한 사랑을 다음과 같이 표현했다.

> 〈아침의 노래〉(*Gesänge der Frühe, Op.133*)는 곧 어머니다. 그리고 그녀가 세상을 떠났을 때 내가 느낀 고통이다.

바르트 내면의 풍경은 분명 낭만주의적이다. 그는 언제나 우수에 찬 낭만주의적 단음계에 이끌렸다. 사르트르 역시 낭만주의 음악에 매혹당한 인물이었고, 쇼팽의 단음계에 지나치게 감정이입한 나머지 폐결핵을 앓는 자신의 모습을 상상하기까지 했다. 하지만 바르트에게 폐결핵은 수사적 표현이 아니었다. 상상의 산물이나 간접적 공감의 대상이 아니라 실제로 폐결핵을 심하게 앓았다. 열여덟 살에 각혈을 하고 요양원에 드나드느라 학업을 중지할 정도였으니 말이다.

『목소리의 결정』에 폐결핵이 나오는 부분이 있다. 바르트는 이 책에서 폐결핵을 단순한 질병이 아니라 내면 세계에 깃들기 좋아하는 생명체의 일종으로 보았다. 건강이 회복되기까지 몇 번의 겨울을 나는 동안 그는 눈 내리는 피레네 산맥을 배경으로 바흐의 전주곡을 연주했다. 《평균율 클라비어곡집》은 슬픔을 다스리기 위한 처방전이었다. 바흐 음악의 엄밀성에서 균형과 절도를 발견했고, 그 덕분에 병적 상태에 빠져드는 것만큼은 피할 수 있었다.

그는 정서적 건강의 필요에 따라 바흐와 슈만을 번갈아

연주했는데 악보를 펼쳐놓고 피아노 연습을 한다고 해서 작곡에 대한 생각이 전혀 없었던 것은 아니다. 초견으로 치면서 다음에 올 화음을 미리 예상해보는 것은 그 자체로 좋은 화성학 공부가 되기 때문이다. 자주 연주해본 작곡가의 스타일로 곡을 쓰는 것은 여느 아마추어라도 할 수 있다. 그저 몇 마디 멜로디와 화성을 빌려와 응용할 줄 알면 가능한 일이다. 니체는 이런 방식으로 자신이 좋아했던 작곡가와 끊임없이 대화했다.

바르트는 니체만큼 창작 욕구가 강하지는 않았다. 그렇지만 그 역시 슈만의 간주곡을 모티프로 작곡하고 싶어했다. 간혹가다 손가락 끝에서 그럴싸한 멜로디가 흘러나오기도 했는데, 2/4박자의 F장조 디베르티멘토[38]는 두 장짜리 악보로 옮겨 적어 친구 필립 르베이롤에게 선물하기도 했다. 샤를르 도를레앙의 시를 주제로 짤막한 가곡도 작곡했는데, 자신이 피아노 반주를 하고 다른 이가 노래하는 방식과 다른 이의 반주에 맞춰 자신이 노래하는 방식 모두를 염두에 둔 곡이었다.

그는 콘서트홀에서 음악을 들을 때 느끼는 정면 대결의 느낌을 좋아하지 않아서 다른 방식으로 듣는 편을 선호했다. 어딘가 삐딱해 보이는 태도는 그가 쓴 여러 권의 책에서도 발견된다. 이를테면 『신화론』에서 이데올로기를 분석할 때 그것이 지니고 있는 신화적 성격에 착안해 접근한다거나, 『사

---

38  **Divertimento** ☛ 기분전환이라는 뜻으로 가볍게 듣기 좋은 기악곡.

랑의 단상』에서 수사적 표현을 동원해 사랑을 분석한다거나 하는 식이다. 그는 정공법을 좋아하지 않았다. 그렇기에 누군가와 옆에 나란히 앉아서 하는 연주는 그가 편하게 느끼는 연주 형태였으리라. 바르트는 피아노곡으로 편곡된 베토벤 교향곡을 친구와 함께 연주했던 스무 살 당시를 추억하며 연탄곡[39]을 작곡했다.

사르트르는 피아노 한 대에서 네 개의 손이 포개지는 순간을 애정한 반면, 니체는 두 대의 피아노를 위한 협주곡을 작곡했다. 바르트는 양쪽 모두에 적응했다. 둘이 함께하는 연주는 나란히 앉은 자세만으로 다 담을 수 없는 편곡과 리듬의 예술이다. 두 연주자는 음악이 진행되는 짧은 시간 동안 서로에게 귀 기울이면서 호흡을 맞춘다. 연탄곡을 작곡한 경험이 있는 바르트였지만 그는 늘 혼자 피아노 앞에 앉았다. 곁에는 슈만이 있었고, 그 덕분에 지속적으로 피아노와의 친밀감을 키워나갈 수 있었다.

바르트는 매일 오후 집필하기 전이나 외출하기 전에 어머니 곁에서 피아노를 쳤다. 아마추어리즘 예찬자였지만 실력을 향상시키려는 욕심이 아주 없었던 것은 아니다. 1976년, 바르트는 부쿠레슐리에프[40]와 함께 피아노 수업을 들었다. 처음엔 팡제라에게 성악을 배울 때처럼 연습에 몰두했지만 결국 강의와 여행을 핑계로 수업을 그만 두었고 연습도 계속할 수 없게 됐다. 사실 이 시기에 바르트는 피아노 연주로 누릴 수 있는 행복의 색다른 영역을 개척하고 있었다.

언젠가 바르트는 수도원에서의 삶을 이야기한 적이 있

다. 정해진 일과에 따라야 하는 수도사의 삶을 강요받지 않는 한, 독방에서의 고독한 삶도 나쁘지 않을 것이라고 말했다. 수도원처럼 외부와 차단된 곳에서 생활하되 스스로 삶의 템포를 정할 자유가 허용된 삶. 이 삶의 방식은 위에서 말한 바르트의 개척과 관련 있다. 악보에 빼곡하게 그려진 음표 사이를 자신만의 리듬으로 탐험하는 색다른 즐거움. 그리고 그 안에서 철학과 취향, 욕망에 관한 진실과 마주하는 일. 바르트의 피아노 연주는 흥미로운 연구 주제가 되었다.

✻

피아노 연주에 관한 철학은 언젠가 그가 가볍게 꺼냈던 삶과 피아노 이야기에서 불쑥 튀어나왔다. 피아노는 바르트가 연주를 실천하게 했으며 깊이 성찰하도록 이끌었다. 그 덕분에 그는 시간과 육체를 연결짓는 다양한 아이디어, 즉 주이상스와 테크닉의 관계를 이론화할 수 있었다. 핵심은 다음 세 가지를 아는 것이다. 첫째는 테크닉의 제약이 연주자에게 주이상스를 발생시키는지, 그렇지 않은지. 둘째는 그것이 어떤 방식으로 주이상스를 발생시키는지. 셋째는 테크닉의 속박이 어떤 다른 종류의 주이상스를 발생시키는지. 여기서 바르

---

39 두 명의 연주자가 하나의 피아노로 연주하도록 작곡된 곡(네 개의 손을 위한 피아노곡). 두 대의 피아노로 연주하는 피아노 이중주와는 다른 형태의 연주다. 윗 성부를 치는 연주자를 프리모(primo)라고 하며, 의자 오른편에 앉아서 악보의 오른쪽 페이지를 본다. 아랫 성부를 치는 연주자를 세컨도(secondo)라고 하며, 의자 왼편에 앉아서 악보의 왼쪽 페이지를 본다.
40 André Boucourechliev(1925~1997) ☞ 불가리아 출신의 현대 음악 작곡가. 주요 작품으로 〈Archipel〉 연작이 있다.

트는 니체의 디오니소스-아폴론 패러다임으로 돌아간다. 서구 문명에서 과잉은 절제의 미덕보다 열등한 것으로 취급받아 왔다. 위대한 예술 작품만이 질서와 무질서를, 이성과 상상을, 화음과 비명을 연결시킬 수 있었다. 바르트는 이러한 철학적 알레고리로 에둘러가는 대신 연주자로서 다음과 같은 구체적 질문을 한다.

고도의 테크닉은 높은 집중력을 요하는데 어떻게 연주자가 연주하면서 자신의 감정에 몰입할 수 있는가? 쉽게 말해, 머릿속 한 켠에 건반을 헛짚으면 안 된다는 생각을 하고 있는 연주자가 자신이 연주하는 음악에 흠뻑 빠지는 것이 가능한가? 연주자는 음악을 온전히 즐기면서 연주하기 어렵다. 올바른 운지법으로 건반을 정확하게 누르기 위해서는 규율을 따라야 하기 때문이다.

할머니의 오래된 악보에 적혀 있던 손가락 번호는 다름 아닌 손의 훈련과 상관 있다. 하지만 바르트는 종종 이를 무시했고, 곧장 주이상스로 달려가기 위해 테크닉 따위는 잊은 채 연주하곤 했다. 그때마다 손가락은 건반에서 미끄러져 엉뚱한 건반을 눌렀고, 황홀경은 단숨에 깨졌다. 성급히 뒤돌아본 탓에 에우리디케를 영영 볼 수 없게 된 오르페우스처럼, 연주자는 자신을 음악에 온전히 내맡길 수 없다. 연주 중인 사람이 머릿속에서 테크닉에 관한 생각을 완전히 지울 수 있을까? 이 모순된 질문을 통해 바르트는 테크닉이 주이상스보다 높은 지위에 있음을 어렴풋이 감지한다. 테크닉을 완전히 정복하고 나서야 비로소 주이상스가 일어난다.

주이상스는 자발적인 동시에 수동적으로 벌어진다. 또한 주체를 통해 자동 반사적으로 일어난다. 주이상스가 지닌 이 두 가지 속성을 이해해야 주이상스와 테크닉이 맺는 관계를 이해할 수 있다. 어떻게 자신의 손끝에서 연주되고 있는 음악을 자신이 들을 수 있을까? 연주와 감상이 동시에 이루어지려면 양측의 합의가 필요하다. 오로지 듣기만 원한다면, 귀를 위해서만 연주해야 한다. 이때 악기와 접촉하는 신체 부위는 음악을 감상하는 신체 부위와 분열된다. 음악 연주는 전적으로 나의 연주 행위 '안'에서 듣는 것으로 이루어지며 신체 바깥에 존재하는 그 무엇도 나의 연주 속으로 침투하지 않는다.

대상을 바라보는 나를 관찰하는 것이 어려운 것처럼 내가 연주하는 음악을 제대로 듣기란 어렵다. 듣는 일은 언제나 중요하다. 신체의 모든 부위가 동원되어야 하고 단순히 흘려듣는 것 이상의 예민함이 요구되기 때문이다. 음악을 듣는다는 게 무엇인지 제대로 이해했던 사람은 니체였다. 니체는 음악 감상을 생리학적 관점에서 이해하려 했고, 소리굽쇠를 제시함으로써 귀를 통해 사유를 펼쳤다. 또한 다양한 방식의 음악 감상이 연주자의 신체와 그 신체가 지닌 에너지에 따라 결정된다고 믿었다.

연주하고 있는 신체 밖으로 빠져나와서 자신의 연주를 객관적으로 들을 수 있는 유일한 방법은 녹음이다. 바르트에게는 피아노 선생님이 없었으므로 실력 향상을 위해 녹음기를 사용했다. 그러나 『롤랑 바르트가 쓴 롤랑 바르트』에서 그는 자신의 연주를 녹음하는 행위에 얼마나 많은 상상력이 침투하는지 밝히고 있다. 책의 도입부에 "그 자신을 듣는다"(*il s'entend*)는 표현이 나오는데, 이는 듣는(*l'écoute*) 것이란 무엇인가에 대한 질문을 그가 교묘히 피하고 있음을 나타낸다. 바르트는 더 이상 자신을 듣지 않는다. 거기에는 오직 음악의 '순수한 물성'이 있다.

바르트는 슈만이나 바흐를 연주할 때 그들과 직접 소통하는 느낌을 받는다고 말했다. 그가 듣는 것은 그 누구의 해석도 아닌 '음악 자체'이기 때문이다.

> 명료한 정신으로 내 연주를 듣고 있으면 사소한 실수 하나하나가 귀에 들어온다. 하지만 이 상태는 오래 지속되지 않으며, 얼마 못 가 신비한 현상을 체험하게 된다. 내가 연주했던 과거와 듣고 있는 현재가 하나로 뭉뚱그려지는 것이다. *과거와 현재가 동시에 발생하면서 모든 해석은 사라지고 음악만이 남는다.*

바르트는 자신의 연주를 들을 때와는 다르게 다른 피아니스트의 연주 앨범을 들을 때는 그들의 해석을 의식했다. 리히터가 해석한 바흐, 호로비츠가 해석한 슈만이 들렸던 것이다. 여기서 한 가지 사실을 알 수 있다. 바르트는 본인이 연주하는 음악에 자신의 흔적을 남기려 하지 않았다는 점이다. 그는 연주할 때 다른 어떤 것도 참조하지 않았고, 그 자체로 완결된 하나의 세계를 창조하고 싶어 했다. 그가 가장 중요하게 여긴 것은 공간으로 퍼져 흐르는 소리의 현상 자체였다. 그 독점적 현현 속에 자신을 내던짐으로써 피아니스트의 존재를 숨기는 것, 즉 주체가 되기를 멈추는 것이다. 이는 순수하고 즉자적인 세계다. 피아니스트는 지워지고 바흐와 슈만이 모습을 드러낸다.

※

바르트가 연주와 감상 사이에서 음악과 유지했던 관계를 보면 다른 어떤 것도 그 안에 들어갈 수 없을 것처럼 보인다. 자신이 만든 소리-물질을 객관적 입장으로 바라보기란 불가능에 가깝다. 본인의 연주를 녹음한다고 해도 자신의 소리가 들리는 것은 아니다. 게다가 바르트는 사르트르처럼 본인의 연주를 즐겨 듣지 않았다. 자신이 쓴 글을 다시 읽는 것조차 꺼려했던 바르트다. 이러한 면모는 이들의 자서전에서도 드러난다.

사르트르의 『말』은 자서전이라는 형식만 빌렸을 뿐 온갖 패러디가 난무하는 글로 이루어져 있다. 바르트의 자서전은 어떠한가? 『롤랑 바르트가 쓴 롤랑 바르트』라는 제목부터 저자 자신이 불안정하고 단편적인 자아 뒤로 숨으려는 뉘앙스를 풍긴다. 바르트에 따르면 자신의 연주를 듣는 것은 '중립적인' 작업이며 음악을 익명의 '존재'로 만드는 일이다. 여기서 존재라는 용어를 보다 명확하게 짚고 넘어갈 필요가 있다. 그가 하이데거의 개념을 빌려 음악의 '현존재'(*Dasein*)라 부른 이 존재는 확고부동한 신체가 아니다. 오히려 듣는 행위는 소리-물질의 불안정성을 증명한다.

바르트는 1977년에 쓴 「듣기」(*Écoute*)라는 짧은 글에서 음악은 결코 있는 그대로 재생되지 않음을 관찰했다. 우리 귀는 들을 때마다 새로운 악센트를 감지한다. 같은 음악이라도 이전에 들었던 방식으로 또 들을 수 없다는 뜻이다. 여기에는 주체의 바깥에 있으면서 주체 자신으로 환원되는 어떠한 것도 없으며, 주체 내부의 내적인 순환고리 같은 것도 없다.『구토』에서 로캉탱이〈머지않아서〉를 반복해서 들었던 것처럼, 한 작품을 질리도록 반복해서 들을 때에도 매번 차이가 발생하는 것을 바르트는 확인하고 싶어 했다.

발상 자체는 흥미롭지만 우리가 일상에서 음악을 감상할 때 이런 현상이 실제로 일어날까? 소리-물질의 타고난 불안정성, 반복을 피하려는 듣는 이의 의지가 복합적으로 작용해 만들어낸 허구는 아닐까? 아니면 바르트가 피아노 연주와 맺고 있는 마법 같은 관계, 특정 작곡가에 느끼는 독점적인 친밀감을 과시하려는 시도였는지도 모른다. 반복을 피하려는 정신의 경향성은 여전히 중요한 이슈다. 반복을 피함으로써 우리의 취향은 자유와 다양성을 얻는다. 이에 관한 바르트의 이론적 분석은 자신의 편파적이고 강박적인 감상, 연주를 감추는 장막이 되어준다. 같은 음악을 반복해서 듣는 것은 익숙한 세계를 구축하는 행위이다. 그리고 철저히 봉쇄된 안전지대와 동반자를 만드는 일이다.

매혹의 본성을 탐구하던 바르트는 스페인 국왕 펠리페 5세에게 고용됐던 카스트라토[41] 파리넬리를 떠올린다. 파리넬리는 10년 넘게 왕을 위해서 매일 밤 같은 노래를 불렀다. '매혹'(Enchantement ☛ chant은 프랑스어로 노래를 뜻한다)은 슈만을 사랑했던 아마추어, 바르트가 슈만의 음악에서 느낀 유혹과 다르지 않았다.

음악을 듣는 것에 대한 바르트의 이론은 개인의 강박적인 연주를 정당화하는 것은 물론, 심지어 은폐하려는 것처럼 보인다. 『사랑의 단상』에서 인용된 『젊은 베르테르의 슬픔』 속 장면이 단서가 된다. 베르테르는 샤를로테의 연주를 듣고 이렇게 말한다.

*이 선율은 그녀가 가장 좋아하는 곡이야.*
*그녀가 첫 음을 냈을 때*
*나는 이미 모든 근심과 슬픔을 잊었어.*

바르트는 그 곡이 진부한 멜로디였을 거라고 생각했다. 파리넬리가 왕에게 매일 불러줬을 노래처럼 말이다. 여기서 반복은 아무런 차이도 만들지 못한다.

*사랑에 빠진 이는 자폐아와 같아서 진부한 선율에도 주의가 흐트러지고 위안을 얻는다. 그리고 몇 시간이고 똑같은 곡을 듣는다. 두 사람 모두 사랑이 영원할 거라고 믿어 의심치 않기 때문이리라.*

41  Castrato ☛ '거세하다'는 뜻의 라틴어 동사 castrare에서 나온 말로, 변성기가 오기 이전에 거세하여 고음의 미성을 내는 남성 가수를 뜻한다.

아마도 바르트는 자신의 감정을 펠리페 5세가 아닌 파리넬리에, 베르테르가 아닌 샤를로테에 이입했을 것이다. 사실 그는 연주자와 감상자 양쪽을 오갔다. 연주자에서 감상자로, 사랑하는 사람에서 사랑받는 사람으로, 매혹하는 자에서 매혹당하는 자로 역할을 바꿔가며 자신의 연주를 들었다. 이런 역할놀이는 상호적이든 재귀적이든 액자소설처럼 기능한다.

동일성의 철학에서 탈피하려면 가타리와 들뢰즈가 고안한 리토르넬로[42]의 사유가 필요하다. 아이들은 무서운 상황에서 벗어나려 할 때 노래를 부른다. 여자 아이가 혼자 숙제를 하다가 콧노래를 흥얼거리면, 남자 아이는 그 위에 즉흥적으로 간단한 멜로디를 쌓아 올리며 미지의 영토로 미끄러져 들어간다. 리토르넬로는 이렇게 생겨난다. 아이들은 같은 길을 걸어다니며 움직임과 소리의 흔적을 길 위에 새겨놓았다. 이 길 위로 전혀 다른 형태의 고리와 매듭, 속도와 움직임, 울림이 각인된 표류의 동선이 접붙고 싹튼다.

들뢰즈와 가타리가 식물의 땅속줄기[43]가 뿌리처럼 수평으로 뻗는 모습에서 새로운 철학의 아이디어를 얻었던 것처럼 바르트는 대위법과 그물망 이론에 대한 생각을 발전시켰다. 바르트가 텍스트를 복합적 연결로 짜인 직물에 비유한 것은 뿌리와 계통에 근거한 수목적인 조직 체계에 반하는 것이었다. 이 아이디어는 이종간 교잡을 통해 잡종을 만들겠다는 발상과는 성격이 다르다. 오히려 패턴이 서로 다른 두 물체를 겹쳤을 때 빛의 간섭현상으로 무아레(*Moiré*) 무늬가 생기는 원리와 더 유사하다.

들뢰즈도 슈만을 좋아했다. 그리고 슈만 못지않게 클로드 프랑수아[44]도 좋아했다고 한다. 바르트는 동시대 대중 예술에 어느 정도 흥미를 보이긴 했지만 그의 음악적 도피처와는 엄격히 분리시켰다. 이를 자폐적이라고 보는 것이 맞을까? 그가 진부한 멜로디의 기쁨을 일부러 외면한 것은 아니다. 아무리 부정하려고 해도 고집스럽게 우리의 감각에 매력적으로 다가오는 진부함은 있는 법이니까……. 바르트는 스스로를 새로운 사유를 창안하는 철학자라고 생각하지 않았다. 새로운 사유를 창안하기보다는 범상한 것들의 속성을 궁리하길 좋아했다. 추억의 노래를 반복해서 들으며 그 안에 젖어 살고는, 그 노래를 원래 놓여 있던 자리에서 다른 곳으로

---

42 Ritornello ☞ '복귀' '회귀'를 뜻하는 이탈리아어 ritorno에서 유래한 말. 18세기 초기, 'A-b-A-c-A-d…A'형식으로 쓰인 합주 협주곡(Concerto Grosso)과 독주 협주곡(Solo Concerto)에서 독주 부분을 사이에 두고 연주되던 합주 부분 A를 가리킨다. 반복하는 횟수는 정해져 있지 않지만, 처음과 마지막을 제외하고는 다른 조성으로 연주해야한다는 점에서 론도 형식과 구별된다.
들뢰즈와 가타리는 리토르넬로를 '실존적 정서(affect)를 결정화하는 반복적인 연속체'라고 정의했다. 이 반복구는 소리 차원, 감정 차원, 얼굴 차원을 지니고 있으며, 끊임없이 서로 침윤해 간다. 시간의 결정(結晶)을 퍼뜨리는 리듬이라 할 수 있다.

43 Rhizome ☞ 리좀은 줄기가 뿌리처럼 땅속으로 뻗어 나가는 땅속줄기 식물을 가리키는 말이다. 리좀의 덩굴은 수평으로 뻗고, 거기서 새로운 개체가 생긴다. 그렇게 탄생한 개체는 또다시 새로운 덩굴을 뻗는다. 이에 착안한 들뢰즈와 가타리는 『천 개의 고원』에서 철학적 개념으로서 리좀을 제기한다. 기존 철학이 마치 나무의 형상처럼 개념들을 계통화하고 위계화하는 데 반해, 리좀은 중심이 없고 시작도 끝도 없다. 위계화되지 않은 개별성과 차이를 발생시키고, 새로운 접속과 창조의 무한한 가능성을 보여주려고 한다.

44 Claude François(1939~1978) ☞ 1960~70년대 프랑스에서 가장 인기 있었던 가수. 그의 대표곡 〈Comme d'habitude〉는 미국 가수 프랭크 시나트라가 불러 전 세계적으로 유명해진 〈My way〉의 원곡이다.

추방시킨다. 그러고는 그에 반하는 글을 써서 대상을 좌절시키는 것이 바르트의 방식이었다.

※

*당신이 무슨 음악을 듣는지 말해주세요.*
*그러면 나는 당신이 어떤 사람인지 얘기해주겠습니다.*

음악 취향만큼 그 사람을 잘 드러내는 것이 있을까? 저마다 좋아하는 작곡가의 음악을 즐기는 방식은 무궁무진하다. 하지만 그 이전에 특정 작곡가를 택했다는 사실은 그의 내면세계와 욕망, 꿈 모두를 아우르는 총체로서의 한 명을 택했다는 의미다. 이제 바르트가 좋아했던 음악에 대해 말하려 한다. 어차피 그는 그렇게 많은 음악을 좋아하지도 않았다.

니체는 삶이란 결국 취향과 색(色)의 문제라고 말했다. 그렇기 때문에 다른 사람들이 무엇을 듣는지는 중요한 문제다. 연인 사이에, 혹은 친구들끼리 무슨 음악을 가장 좋아하냐고 흔히 물어보지 않는가? 영화나 음식, 책도 나름의 기준이 된다. 하지만 음악은 논리적으로 설명하기 어렵다는 점에서 다른 것들과 구별된다. 전문가의 의견에 기대지 않는 이상, 내가 어떤 음악을 왜 좋아하는지 타당한 근거를 들어 상대방을 납득시키기 어렵다. 우리는 본능적으로 자신의 삶에 포함시킬 사람과 영원히 친해질 수 없는 사람을 구분한다. 친목 관계는 늘 이렇게 선별적으로 이루어진다.

*푸치니를 좋아하세요? 세상에 어쩜 그렇게 상스러울 수가! 그럼…… 바로크 음악은요? 재즈는 듣습니까? 구체적으로 어떤 스타일의 재즈를 듣나요?*

*설마 〈카디스의 미녀〉(La Belle de Cadix) 같은 노래는 아니겠지요? 그렇다면 우린 앞으로 볼 일 없을 겁니다.*

음악에 관한 의견 차이는 때로 인간 관계를 끊을 정도로 중대한 문제가 되기도 한다. 개인의 음악 취향이 모두 존중돼야 한다고 하지만 사실 거기에는 문화 상대주의, 주변 사람들로부터 관대한 사람이라는 이미지를 얻기 위한 사교적 전략 이상의 무엇이 작용하고 있다. 음악을 듣는 일에는 신체와 상상력, 감성이 총동원된다. 그리고 이 세 요소는 자신이 무엇에 찬성하고 무엇에 반대하는지, 그 기준을 마련한다.

사르트르는 음악에 대한 현학적인 인터뷰로 우리 관심을 딴 데로 돌려놓고 말없이 쇼팽으로 돌아갔다. 바르트는 들뢰즈, 푸코와 함께 *IRCAM*(퐁피두 센터 산하의 음향·음악연구소) 프로젝트에 참여했고, 리게티, 슈톡하우젠, 메시앙, 카터 같은 동시대 현대 작곡가에 대한 담론을 이끌었다. 당시 유행했던 베베른과 불레즈, 푸쇠르에 대해서도 언급했다. 바르트가 보여줬던 행보에서 그의 진정성을 의심할 이유는 어디에도 없다. 그럼에도 우리는 바르트가 현대 작곡가보다 고전주의 작곡가와 더 잘 어울린다는 것을 안다.

그는 음악을 가리지 않고 폭넓게 들었다. 하지만 정작 애정을 보인 작곡가는 몇 명 되지 않는다. 모차르트와 슈만, 쇼팽 그리고 20세기 초의 프랑스 작곡가 정도다. 바르트에게 모차르트의 음악은 기분, 니체 식으로 말하면 슈티뭉의 문제였다. 그는 모차르트 변주곡을 즐겨 연주했는데, 특히 〈아, 말씀드릴게요, 어머니〉(*Ah, vous dirai-je, Maman*)[45] 주제에 의한 변주곡은 언제나 그를 행복하게 해주었다. 여느 모차르트 애호가처럼 바르트 역시 그의 음악에 순순히 자신을 내맡겼다. 모차르트의 어떤 곡을 연주하든 A장조 또는 A단조의 감정 상태로 음악에 몰입했다. 모차르트의 음악은 바르트만의 독특한 스타일을 만들어준 마법 상자였던 셈이다(바르트의 철학과 아비투스는 모차르트 음악을 체화함으로써 가능했다).

상상의 투사(投射)에 관해 바르트가 쓴 글을 읽어보면 피아노 연주가 그에게 어떻게 작용했는지 알 수 있다. 바르트는 이미지를 항상 수상쩍게 생각했다. 진부한 포즈를 취하고 있는 클리셰 가득한 인물 사진의 경우 특히 그랬다.『롤랑 바르트가 쓴 롤랑 바르트』에는 자서전이라는 장르적 특성을 고려해 가족 사진이 실려 있다. 하지만 바르트는 거울에 비친 모습처럼 좌우가 뒤바뀐 이미지에 관한 아이러니를 가지고 놀았다. 그가 사진에 붙여놓은 꼬리표—예를 들어 '이 사진은 거울 단계를 보여주는 사진이고, 저 사진에서는 가족 소설 욕망이 엿보인다'는 식으로 남긴 메모—는 작가로서의 정체성을 만드느라 부렸던 온갖 허세로 가득하다. 독자보다 한발 앞서 주석을 달아버림으로써 사진을 해석하고 싶어 하는 독자의 욕망을 이야기 속 또 다른 이야기로 만들어버린다.

『밝은 방』은 사진이 보는 이에게 끼치는 영향을 이야기한다. 바르트는 찔린 자국과 구멍, 얼룩, 베인 상처[46]에 대해 묘사하면서 이미지가 몸 속으로 침투하여 상처를 입히는 것 같다고 말했다. 이미지는 감상자 자신도 알아차리지 못하게 기습적으로 침투하며, 자아를 밖으로 끌어낸다. 반면 소리는 감상자의 동의를 구한 뒤에 침투한다. 바르트는 청각적인 방식으로 불안정한 자아를 만들어낸 뒤 리듬과 화성을 도입하여 음악을 듣는 시간 속에서 실존을 느꼈다. 좋아하는 음악을 들으며 자신이 이 세계에 존재하는 고유한 생명임을 의식하는 것. 이는 스스로 음악이 되어 삶의 방식을 자신에게 제안하는 감각이다. 아마추어 연주자들은 이 감각에 의지하여 음악적인 삶과 음악적인 사유에 대한 영감을 얻는다. 바르트 역시 이러한 방식으로 니체의 음악 생리학을 재발견함으로써 나르시시즘과 자아 상실감에서 벗어날 수 있었다.

바르트의 음악학적 관심사는 결국 슈만과 쇼팽에 대한 호불호로 귀결된다. 슈만과 쇼팽에 대한 호불호는 스타일과 세계관이 걸린 취향의 문제다. 이 같은 취향의 문제로 바르트는 니체와 수십 년의 시차를 두고 다퉜다. 둘의 대결에서 중요한 것은 무엇이 쟁점이었는지 아는 것과 슈만을 향한 사랑

---

45  K.265/300e. 〈반짝반짝 작은 별〉로 잘 알려진 곡. 자장가로 자주 불린다.
46  따라서 스투디움을 방해하러 오는 이 두 번째 요소를 나는 푼크툼(punctum)이라 부를 것이다. 왜냐하면 푼크툼은 또한 찔린 자국이고, 작은 구멍이며, 조그만 얼룩이고, 작게 베인 상처이며 또 주사위 던지기이기 때문이다.
사진의 푼크툼은 사진 안에서 나를 찌르는(뿐만 아니라 나에게 상처를 주고 완력을 쓰는) 그 우연이다.
— 롤랑 바르트, 『밝은 방』, 동문선, 2006.

이 바르트에게 어떤 의미였는지 아는 것이다. 바르트는 양자택일을 협박으로 여길 만큼 이분법적 편가르기를 싫어했던 인물로 알려져 있다. 그러므로 바르트가 슈만과 쇼팽을 대결 구도로 몰아넣은 것은 매우 이례적이다. 더구나 두 동갑내기 작곡가는 서로에게 존경을 표하던 사이였다.

슈만과 쇼팽 사이에서 선택의 기로에 놓인 바르트는 쇼팽에 대한 양가감정을 조금씩 키워나갔다. 그가 여기저기 흩뿌린 생각의 조각들을 종합해보면, 쇼팽 음악을 분석할 때와 들을 때, 연주할 때 모두 다른 관점으로 대했다는 것을 알 수 있다. 바르트는 협주곡보다 길이가 짧은 곡들을 선호했다. 쇼팽의 협주곡이 비판받아야 한다면, 그것은 피아노에 지나치게 많은 특권을 부여했다는 점 때문이어야 한다. 한편 왈츠는 길이가 짧은데도 불구하고 좋아하지 않았다. 사교계를 지나치게 의식한 듯한 멜로디와 너무나도 프랑스적인 분위기라는 이유에서였는데 여기에 대해서는 니체와 같은 생각이었다. 바르트는 이에 덧붙여 쇼팽 왈츠가 곡의 길이에 비해 구조가 복잡하고 테크닉이 강조돼 있다고도 지적했다.

바르트가 좋아했던 쇼팽의 작품은 마주르카였다. 니체도 마주르카를 좋아했는데, 바르트와는 다른 기준을 갖고 있었다. 니체는 마주르카 특유의 멜로디에서 쇼팽의 천재성을 발견했지만, 바르트는 조성의 변화에서 오는 불확정성을 더 높이 샀다. 바르트는 마주르카에서 조바꿈의 예술을 발견했고 이를 불협화음이 아닌 '음색의 무아레 효과'로 보았다. 슈만과 바그너를 숭배하며 젊은 시절을 보냈던 니체였기에 다시 노래와 멜로디가 명확하게 구분된 음악으로 돌아온 것은 당연한 일인지도 모른다. 하지만 바르트는 형식이 도드라져 들리는 음악, 뚜렷한 멜로디가 있는 음악에서 모종의 조심성을 느꼈다. 그는 쇼팽의 음악 중에서 노래와 멜로디의 경계가 흐릿한 음악을 좋아했고, 특히 왼손에 독립성을 부여한 곡을 높이 평가했다. 같은 맥락에서 그는 쇼팽 〈전주곡 C장조 *Op.28 No.1*〉의 멜로디를 정신분석학의 관점에서 분석하며 억눌린 충동에 대해 말한 적이 있다.

> *소리-물질의 유동적인 팽창은 아이와 분리된 육체, 연인과 분리된 육체, 잃어버린 주체와 분리된 육체에서 기인한다. (……) 부풀어 오르고 있지만 아직은 노래가 되지 못한 알 수 없는 무엇이 완전한 자아를 꿈꾸다가 이내 소멸한다.*

쇼팽을 제 것으로 만들려 했던 바르트는 자신의 마음 상태를 쇼팽이라는 소리-물질에 투사했다. 쇼팽 피아노곡의 가장 두드러진 특징은 루바토이다. 서로 미묘하게 엇갈리는 왼손과 오른손의 움직임은 멜로디에 리드미컬한 효과를 주고, 음악이 변화무쌍한 표정을 짓게 한다. 루바토는 쇼팽이 피아니스트들에게 허락한 자유다. 하지만 동시에 치명적인 덫과 같아서 자칫 잘못 쓰면 전체적인 템포가 무너지고 음악은 천박해진다. 좋은 피아니스트라면 루바토로 연주할 부분과 그렇지 않은 부분의 적정 비율을 찾아내야만 한다.

루바토가 지닌 이런 특성 때문에 바르트는 쇼팽이 활짝

열어둔 해석 가능성에 저항했다. 바르트는 순수한 물질로서의 음악에 '해석이 모두 제거된' 상태를 요구했는데, 그것은 아마도 스스로를 보호하기 위해서 그랬던 것으로 보인다. 자신과 다른 연주 스타일을 지닌 피아니스트가 자신의 심금을 울리고 영혼의 깊은 곳을 어루만지는 느낌을 싫어했기 때문이다. 아르투르 루빈슈타인이 대표적인 경우다. 루빈슈타인은 자신만의 루바토를 찾아내 개성 있는 스타일을 완성한 훌륭한 피아니스트로 정평이 나 있지만 바르트는 이 점을 못마땅하게 여겼다. 개성 강한 연주를 한결같이 싫어했고, 다른 피아니스트의 루바토를 견디기 힘들어했다. 리히터의 쇼팽 연주를 듣고는 루바토가 자신의 내적 리듬과 맞지 않는다며 불평했다.

바르트는 이 모든 것을 쇼팽 탓으로 돌렸다. 쇼팽 음악은 어딘지 모르게 잔뜩 꾸민 듯한 인상을 갖고 있기 때문이다. 훌륭한 연주자들의 세련된 연주보다 무심하게 치는 아마추어의 연주를 옹호하면서 이렇게 말했다.

*아마추어는 음악과 회화가 지닌 직접적이고 확정적인 물성, 그 기표 위에 우아하게 착지한다. 그들은 음악 안에 자신만의 루바토를 남기는 법이 없다. 루바토는 마치 도둑이 현장에 남기는 표식 같은 것이다.*

바르트가 루바토를 비판적으로 보는 것은 단순히 다른 사람의 연주에 대한 저항 때문만은 아니다. 자신이 지닌 테크닉의 한계 때문이기도 했다. 하지만 쇼팽의 피아노곡을 연주하려면 아마추어리즘을 고수하기 위해 일부러 습득하지 않았던 기교들이 필요했다. 바르트는 쇼팽을 치기 어렵다고 고백했다. 특히 왼손 파트는 너무 어려워서 몇몇 전주곡을 쳐보는 것으로 만족해야 했다. 반면 슈만의 음악을 들을 때면 언제나 연주하고 싶은 충동에 휩싸이곤 했다. 연주할 수 있었기 때문이다.

※

"나는 슈만을 사랑합니다." 슈만에게 헌정하는 라디오 방송에서 바르트가 했던 말이다. 이는 음악학적으로 잘 다듬어진 바르트의 개인적 선언이라고 할 수 있는데, 당시는 바르트가 슈만을 두고 벌어질 니체와의 논쟁에 대비해서 조금씩, 그리고 비밀리에 이론적 토대를 준비하던 때였다.

표면적으로 이 선언은 구분지으려는 것처럼 들린다. 무엇을 '좋아한다'고 선언하는 것은 다른 사람에게 내 선택을 강력하게 어필하는 것이고, 어떤 식으로든 내가 좋아하는 대상에 대한 입장을 정할 수밖에 없는 상황으로 내모는 일이기 때문이다. 바르트가 슈만을 선택한 것, 그 이면에는 흡사 사강의 소설 제목을 연상케 하는 질문이 따라 붙는다. "당신도 슈만을 좋아하세요?"

바르트는 『롤랑 바르트가 쓴 롤랑 바르트』에서 좋아하는 것과 좋아하지 않는 것에 대한 리스트를 만들었다. 이 리스트에는 차가운 맥주, 시계, 작약꽃, 사르트르, 마르크스 브라더스 같은 온갖 것들이 나열돼 있는데, 그 중에는 음악과 관련된 단어들도 여럿 있었다. 굴드, 헨델, 피아노, 낭만주의 음악은 좋아하는 것 리스트에 들어 있었고, 싫어하는 것 리스트에는 하프시코드, 루빈슈타인, 에릭 사티, 바르톡, 비발디, 어린이 합창, 쇼팽 협주곡, 부르고뉴 풍의 브랑르[47], 르네상스 춤곡, 오르간, 마르크 앙투안 샤르팡티에와 그의 트럼펫, 팀파니가 들어 있었다. 그렇다면 슈만은 어느 쪽이었을까? 슈만은 리스트 어디에도 없었다. 정말 얄궂은 일이다.

우리는 바르트가 가장 아끼는 작곡가가 슈만이었다는 사실을 안다. 따라서 바르트의 리스트에 슈만이 없다는 사실은 슈만이 단순히 '좋아한다' 혹은 '좋아하지 않는다'로 표현할 수 있는 취향 너머에 있는 존재임을 뜻한다. 어쩌면 기쁨, 심지어 주이상스마저 넘어서는 그 무엇과 연결돼 있을 것이다. "무정부적인 취향의 거품 속에서 수수께끼 같은 존재가 서서히 모습을 드러낸다"고 말한 바르트에 따르면, 취향은 수시로 변하는 기분 같은 것이 아니라 유물론적 존재 방식과 관련 있다.

바르트는 자신의 몸을 슈만 음악의 리듬, 화성과 동일시했다. 슈만의 음악을 들을 때면 절대적인 만족감을 느꼈고, 『사랑의 단상』에서는 이 만족감을 '상상할 수 있는 가장 완벽하고 영원한 성공'으로 표현했다. 음악은 바르트의 삶 그 자체였고, 슈만은 삶의 정수였던 것이다. 슈만이 취향의 꽃다발에서 누락된 것은 이로써 설명된다.

바르트는 자신이야말로 슈만의 진정한 연주자라고 말한다. 우리가 어떤 작곡가를 흠모하게 되면, 그를 제대로 이해할 뿐만 아니라 그의 작품을 어떻게 연주해야 하는지 알고 있는 사람은 자신이 유일하다고 한 번쯤 생각하지 않는가? 자칫 지나친 열정은 권위주의로 이어지기도 하지만 때로는 지식만으로 도달하기 어려운 깊은 이해를 가능케 한다. 바르트는 다른 누구보다도 자신의 슈만에 대해 잘 알았다. 슈만을 향한 사랑으로 가득한 바르트의 몸 속으로 슈만의 피아노 음악이 머금고 있는 내적 진실이 완벽하게 깃들었다. 이는 연구를 통해 얻는 지식과 다르고 슈만 음악과 완벽히 합일됐을 때 찾아오는 앎이다. 슈만과 하나 되는 느낌이 오는 순간, 비로소 바르트가 피아노 연주와 어떤 관계를 맺고 있는지 분명해진다.

바르트는 슈만의 음악이 특유의 내적 요소 때문에 청취보다 연주에 더 적합하다고 주장했다. 자연스럽게 피아노를 연주하는 피아니스트의 육체가 이 논의에 연루된다. 그러므로 '슈만을 사랑한다'고 선언한 것은 바르트 자신이 피아니스트로서의 육체를 드러내 보인 것이다.

바르트가 자신만의 가치 평가 기준과 미학, 정치적인 근거를 만들면서 슈만을 향했던 찬미는 한층 이론적 성격을 띠게 되었다. 1979년, 마르셀 보피스는 슈만에 관해 쓴 자신의 책 서문을 바르트에게 부탁했다. 여기서 바르트는 피아노를

---

47 branle ☞ 프랑스의 무용 스텝, 또는 그러한 스텝을 중심으로 한 무곡. 16세기 초부터 루이 14세 시대까지 널리 유행했으며, 모든 계층의 남녀가 즐겼다.

이데올로기 담론으로 가져간다. 바르트가 『신화론』에서 기호학을 마르크스주의 시각에서 분석한 것은 그보다 한참 전의 일이지만 바르트는 이 서문에서 피아노 연주와 감상으로부터 역사적이고 사회적인 관점을 도출했고, 경멸 속에 잊혀진 슈만을 변호했다.

> 사람들은 점점 군집화되었다. 갈수록 집단적이고 스케일이 큰 음악을 원한다. '나'보다는 '우리'를 표현하고 싶어 한다.

바르트의 이 발언은 니체가 바그너에게 가했던 비판의 20세기 버전이라 할 만하다. 오페라에 만연한 스펙터클은 저마다 다른 음색을 지닌 악기들을 뭉뚱그린다. 지나친 기교와 과잉된 표현은 특정 효과를 노리고 기획된 전술로써 슈만 음악에 담긴 사사로움의 가치를 평가절하한다. 바르트는 이에 저항하기 위해서 인터메초(*Intermezzo*), 음악수첩(*Albumblätter*), 크라이슬레리아나(*Kreisleriana*) 같은 슈만 음악의 독특한 형식을 내세웠다. 나아가 간결함-장황함, 가벼움-무거움, 부분-전체, 분리-통일, 노스탤지어-현대적 감각, 고독-집단의 서로 대립되는 개념쌍을 만들었고, 이를 토대로 슈만에 대한 취향을 미학으로 발전시켰다. 슈만을 사랑하는 것은 시대의 흐름에 역행하는 것처럼 보인다. 이 사랑을 실천하는 사람은 사회가 강요하는 욕망에 불응하는 자들이다. 그리고 무엇보다 자기 자신의 욕망에 충실한 사람들이다.

경쾌함, 자기 분열, 반골 기질. 바르트가 슈만 음악에서 발굴한 가치는 니체의 예술 철학과 닮은 구석이 있다. 하지만 우리는 니체에게 가차없이 버림당하는 슈만을 보았다. 한때 자신이 예술적 신조로 삼았던 슈만을 말이다. 니체가 슈만과 낭만주의를 숙청하려고 했던 것은 새 시대를 위한 음악의 계보가 필요했기 때문이다. 니체가 머릿속에 그린 계보도는 모차르트에서 시작한다. 모차르트가 이룩한 위대한 고전주의 스타일은 베토벤의 혁명기를 거쳐 바그너로 완결된다. 이 새로운 계보가 완성되려면 낡은 우상들은 파괴돼야만 했다. 니체는 스스로를 구원하기 위해 꼭 치러야 했던 속죄 의식에서 바그너와 슈만을 뭉뚱그려 한번에 희생시켰다.

바르트는 니체가 슈만에게 가한 맹렬한 공격에 망연자실했다. 자신이 상처 입은 것처럼 아파했다. 슈만에 헌정됐던 라디오 방송은 어쩌면 니체의 잔혹 행위에 들러붙은 악령을 내쫓기 위한 의식이었는지도 모른다. 클로드 모포메는 오프닝 멘트로 바르트에게 슈만을 어떻게 듣는지 물었다. 바르트는 이렇게 답했다.

*슈만을 어떻게 듣냐고요?*
*나는 슈만을 연인이라고 생각하면서 듣습니다. 그러면 또 당신은 슈만을 어떻게 사랑하냐고 묻겠지요. 글쎄요……*
*그 질문에는 답하기 어려울 것 같습니다. 나 자신도 모르는 나의 어떤 부분, 정확히 그 부분이 내가 슈만을 사랑하는 이유니까요.*

나는 내가 언제나 슈만을 사랑했다는 사실을 알고 있습니다. 사랑에 빠져본 사람이라면 누구나 자신이 사랑하는 대상이 마땅히 받아야 할 사랑을 못 받고 있다는 생각을 해봤을 것입니다. 나는 우리가 슈만에게 충분한 사랑을 주지 않고 있다는 사실을 민감하게 느낍니다.
특히 지난 세기에 일어난 아주 잔인한 일을 떠올리지요. 나의 사랑 슈만이 존경하는 선생님 니체에게 처형당했던 그 일 말입니다.

슈만은 니체에 정면으로 맞서는 대신 논점을 심리학적 맥락으로 옮김으로써 니체의 공격을 무력화시키고자 했다. 바르트는 일부러 『선악의 저편』에서 니체가 슈만에 관해 쓴 문장들 중 가장 신랄한 문장을 골라서 고발했다. 그 문장은 마치 바르트를 바로 앞에 두고 이야기하는 것처럼 쓰였다.

*슈만은 근본적으로 소박한 취향을 지녔다. 소박한 취향이란 매사에 고요히 있으려 하고, 그 고요 속에서 감정적 도취에 이르려는, 특히 독일인들에게는 두 배로 위험한 성향이다. 슈만은 언제나 소심한 태도로 쭈뼛거리고 멀찍이 떨어져 있으려 한다. 민감하고 여린 성품을 지녔으며, 마치 고상한 소녀가 자신에게 손대지 말라고 말하는 것 같은 사람이었다. 슈만은 음악 분야에서 나타났던 게르만적 사건의 하나에 지나지 않는다.*

당시는 니체가 이미 독일스러운 모든 것과 절연하고 지중해 해변을 따라 유유자적하던 때였다. 베토벤의 음악이 루소와 프랑스 혁명, 쉴러, 셸리, 바이런 같은 유럽의 위대한 사상가나 역사적 사건과 서로 영향을 주고받았던 것과 달리, 슈만은 그 무엇과도 공명하지 않았다고 비난했다. 니체는 낭만주의 음악이 조국애 같은 낡은 신념에 사로잡힌 음악이라 폄하했고, 슈만의 낭만주의 시대가 저문 것에 진심으로 안도했다.

바르트는 이 공격을 세 가지 측면에서 항변했다. 첫 번째로, 슈만의 심약한 기질은 오히려 강점이자 귀족성에 기인한 것이라고 주장했다. 이는 니체 철학의 귀족주의적 면모와 결부시킴으로써 니체와의 논쟁에서 전세를 뒤집으려는 전략이었다. 또한 슈만이 음악적 주제를 다루는 데서 보인 원시성에 주목하며, 이 명쾌한 형식적 단순함은 디오니소스적인 것과 아폴론적인 것을 결합한 증거라고 했다. 바르트는 이 논변에 정신적 문제를 추가했다. 니체와 슈만이 사로잡혀 있었던 문제, 둘을 끝내 광기의 심연으로 이끌었던 질병에 관해 질문한 것이다. 니체에게는 허언증과 편집증이 있었고, 슈만은 우울증과 거식증을 앓았다. 이 같은 진단 기준은 둘에게서 보이는 연극적인 부자연스러움과 정신 착란의 정도 차이에 따른 것이다.

두 번째로, 바르트는 정신 이상이라는 '영예의 관'을 거절했던 슈만을 관찰함으로써 반그리스도와 디오니소스, 차라투스트라로 변신한 니체의 위대한 선언과 거리를 두었다.

바르트는 니체와 슈만의 광기를 똑같이 취급하지 않았다. 슈만의 〈달밤〉(*Mondnacht: Liederkris, Op.39* 중 한 곡)에서 느껴지는 멜랑콜리는 디오니소스 축제의 요란하고 광기 어린 히스테리와는 거리가 멀었다. 오히려 바르트 자신을 베르테르, 노발리스, 하이네와 이어주는 밤의 영혼이었다. 바르트는 아폴론과 디오니소스의 결합보다 플로레스탄과 오이제비우스의 결합을 선호했다. 슈만은 플로레스탄과 오이제비우스를 자신의 분신으로 여겼다. 둘의 이름을 번갈아가며 서명하기도 했고 〈사육제〉(*Carnaval, Op.9*)에서는 아예 둘을 합치기도 했다. 바르트는 슈만의 음악에서 단순함의 미덕과 높은 도덕성이 연결되는 장면을 관찰했다. 미학과 윤리학을 연결하는 이러한 시도는 비제의 음악에는 없는 것이다.

니체에게 가한 소규모 공격들은 바르트의 세 번째 항변으로 이어진다. 바로 작곡가들 사이의 대결에 모순이 생기도록 하는 것이다. 바르트에 따르면 슈만 음악의 탁월성은 다음 두 가지에 있다. 베토벤이 피아노와 오케스트라를 혼동한 점, 바그너 음악에 도배된 '우주적 야단법석'을 비판할 때 사례로 제시할 수 있는 음악이라는 점이다. 그러나 바르트가 가한 회심의 일격은 슈만과 쇼팽을 비교하는 것에 가해졌다. 그는 쇼팽이 과잉된 기교와 부자연스러움이라는 죄를 짓고 있다고 보았다. 슈만이 리듬과 멜로디에 동등한 권한을 부여했던 것과 달리 쇼팽은 멜로디가 음악 전체를 지배하게 놔둔다.

슈만은 천박하고 게르만적인 사건이라고 니체가 말했

던가? 바르트는 슈만을 모든 역사적 시간과 공간에서 끊어내고자 했다.『천 개의 고원』에서 들뢰즈와 가타리가 슈만의 음악은 "리토르넬로를 탈영토화한다"고 말했던 것은 이 같은 맥락에서다. 슈만은 근본적으로 시간성에서 벗어나 있다. 그의 음악에는 국적이 없다. 사랑에 빠진 사람에게 연인은 자신의 고향이나 다름없다.

이는 곧 음악의 노마디즘이며 우리에게 새롭게 그린 지형도를 보여준다. 바르트는 이 지형도를 통해 슈만을 포레와, 드뷔시, 라벨과 연관시켰다. 팡제라가 부른 〈하얀 달〉(*La Lune Blanche*)의 멜로디를 들으며 포레를 사랑하는 법을 배웠고, 드뷔시의 〈펠레아스와 멜리장드〉(*Pelléas et Mélisande*)에서는 숲의 밤공기 같은 멜로디를 좋아했다. 이 작곡가들은 '프랑스 음악'으로 불리며 또 다른 음악적 전통을 이루는데, 여기에서 프랑스는 음악의 국적을 드러내기 위한 것이라기보다는 편의상 다른 음악과 구분하기 위해 붙인 이름이다.

※

그리고 라벨이 있다. 라벨은 바스크 지방 출신으로 바르트와는 지리적 연결고리가 있는데, 여러모로 설명하기 까다로운 인물이다. 당시의 아방가르드 작곡가들이 급진적이고 전위적인 방식으로 창작에 매진할 때, 그는 오히려 음악 안으로 파고들어 음악의 형식을 심층적으로 다뤘다. 특히 쿠프랭에게서 가져온 프랑스스러움은 바르트의 취향을 정확히 건드렸다. 바르트는 라벨의 소나티네를 연주했고 라벨 스타일로 작곡했다. 사르트르가 쇼팽보다 드뷔시에게 더 많은 영감을 얻었던 것과 마찬가지로 바르트는 슈만이 아닌 라벨을 모방했다. 라벨의 음악은 아름다운 소리를 만들기 위해 어떤 악기들을 함께 써야 되는지 뛰어난 감각과 취향을 보여준다. 그리고 대범함과 정숙함이라는 서로 대조되는 두 미덕을 하나의 음악 안에서 통일시키고 있다.

라벨은 신고전주의자였다. 드뷔시와 함께 인상주의 작곡가로 분류되지만 그의 음악은 고전주의적인 클리셰로 가득했다. 바로 이 점에서 바르트는 라벨의 비범성을 알아보았고 애정했다.

라벨의 음악은 특유의 이단적인 성격 때문에 한동안 제대로 평가받지 못했다. 에릭 사티는 "라벨은 레지옹 도뇌르 훈장[48]을 거절했지만 그의 음악은 기꺼이 수락했다"고 독설했고, 비평가들은 드뷔시의 혁신적인 음계[49]를 미화하기 위해 라벨을 제물로 삼는 교활한 수법을 썼다. 라벨이 독창성을 인정받으려면 철학자이자 음악학자였고 피아니스트이기도 했던 장켈레비치 같은 인물이 필요했다. 장켈레비치는 프랑스인들이 자부하는 프랑스적 가치에 대한 옹졸한 신화를 다음과 같은 말로 좌절시키며 라벨을 옹호했다.

*라벨의 음악은 프랑스가 온건한 국가가 아니며 극단주의와 역설이 난무하는 국가라는 사실을 확인시켜준다. 그의 음악은 우리의 정신이 무엇을 해낼 수 있는지 시험하고 있고, 어떤 태도를 밀어붙여서 끝을 보려 한다.*

*그 끝은 모험과 스캔들, 폐기된 편견이다. 보라! 힘의 극단까지 가기를 두려워하지 않는 우리 프랑스인의 정열과 상상력이 마침내 도달한 곳을.*

라벨은 왈츠, 미뉴에트, 소나타, 협주곡, 발레처럼 서로 다른 분야에서도 형식의 문제에 천착했고 새로운 도전을 겁내지 않았다. 장송곡을 작곡할 때 일부러 파이프 오르간 특유의 효과에 의존하지 않았던 점을 사례로 들 수 있다. 파이프 오르간의 웅장한 소리는 듣는 이에게 숭고미를 느끼도록 강요하는 측면이 있기 때문이다. 바르트 역시 자신만의 방식으로 현대성에 대한 입장을 세웠다. 그는 사르트르주의자, 브레히트주의자, 라캉주의자로서 샤토브리앙과 솔레르를 읽었고, 신화와 연극, 패션, 소설, 사진, 사랑의 언어를 분석하기도 했다. 참고문헌과 참고문헌 사이, 장르와 장르 사이를 떠돌면서 해적질을 일삼았고, 철학적 논문을 패러디했다.

바르트와 라벨, 이 두 사람이 진보적 거대담론에 저항했던 모습에서 공통점을 찾을 수 있다. 이들은 대상을 파괴하

---

48 Legion d'Honneur ☛ 1802년에 나폴레옹 1세가 제정한 훈장.
49 드뷔시는 한 옥타브를 6개의 온음으로 등분한 온음음계(whole-tone scale)를 즐겨 사용했다. 온음음계에는 음 사이 간격이 모두 같으므로 으뜸음이 없다. 완전4도, 완전5도가 없으므로 버금딸림음과 딸림음도 없다.
온음음계의 구성들로 화성을 쌓으면 기존 음악에서 잘 사용되지 않는 증3화음이 되는데, 증3화음은 드뷔시의 음악에서 모호한 분위기를 조성할 때 즐겨 사용된다. 드뷔시는 그밖에 5음음계도 사용했다. 5음음계는 드뷔시 음악에서 동양적인 신비함과 이국적인 분위기를 자아낸다.

지 않는다. 닳아 없어질 때까지 써서 소진시키고, 형식과 형식 사이에서 근원적인 질문을 던진다. 그렇게 함으로써 본래 대상이 가지고 있던 권위를 빼앗고 전통적 형식을 종결시키는 것이 이들의 공통된 태도였다. 바르트는 자신이 작업했던 대상을 부정하지 않았다. 언제나 대중이 기대하는 모습과는 다른 모습으로 한발 비켜서서 대상에 내재한 독창성을 발굴해냈다. 안타깝게도 학계에서는 바르트의 이런 작업 방식을 '자신이 설계한 시스템 안에서만 작동하는 변덕스러운 놀음'으로 치부하고 있다.

✼

라벨은 (심지어 슈만보다) 바르트에게 더 잘 어울리는 음악가다. 하지만 슈만을 사랑한다고 말한 것처럼 라벨을 사랑한다고 말할 수 있을까? 라벨의 음악을 들을 때 느껴지는 밝고 행복한 감정, 수준 높은 기교 같은 인상을 고려해볼 때, 라벨을 좋아한다는 것은 세련되지 못한 취향으로 비칠 수 있다.

어떤 작곡가를 좋아한다는 것은 정서적 친밀감뿐만 아니라 한 사람의 감각과 열정, 섹슈얼리티가 복합적으로 작용하는 일이다. 연주 중에 감정이 복받쳐 올라 숨이 가빠지고 눈물이 흐르는 것만 봐도 악기를 다루는 데 육체가 얼마나 많이 개입하는지 알 수 있다. 몸은 감각을 느끼는 기관이다. 몸속으로 파고든 감각은 감정을 발생시키고, 감정은 상상의 나래를 펴게 한다. 그리고 깊은 사색에 잠기게 한다. 피아니스트는 몸 전체를 써서 피아노를 연주한다. 손과 귀, 심장과 폐 그리고 가장 은밀한 그 부위까지 총동원된다.

피아노 연주의 비밀스러운 현상학에 관해서는 바르트가 본인의 연주를 언급한 몇몇 증언에서 구체적으로 묘사된다. 이 묘사 덕분에 우리는 터치란 무엇이고, 리듬이 몸 안에서 무엇을 만드는지, 그리고 주이상스는 어떻게 강화되는지 더 잘 이해할 수 있게 되었다. 말년에 바르트는 「파노라마 드라 뮈지크」에 한 편의 글을 실었다. 피아노의 상아색 건반이 연주하는 기쁨에 매우 깊이 연루돼 있다는 내용이었다. 터치는 부드러우면서 단호하다. 매끈하되 미끄럽지 않은 건반의 표면 덕분이다. 사르트르처럼 미끄러운 것과 거칠거칠한 것 사이의 존재론적 차이를 파고들지는 않았지만, 바르트는 피아노 연주에 어떤 비밀이 숨어 있는지 면밀히 관찰했다.

바르트에게 건반을 누르는 행위는 특별한 의미가 담긴 어루만짐이었다. 단단한 상아색 표면의 피아노 건반과 폭신한 피부 사이에 오가는 관능적인 대화……. 그는 '연주하다'라는 동사를 설명하기 위해 전공 분야인 언어학을 끌어들인다. 스페인어로 '토카르'(*tocar*)는 '연주하다'라는 뜻을 지닌 동사인데, '만지다' '건드리다'라는 성적 의미도 들어 있다고 설명한다. 바르트는 건반 위의 손이 만들어내는 복잡한 감각에 대해 묘사하면서 촉각의 현상학을 제시한다.

피아니스트는 손가락 근육과 관절을 움직여서 건반을 터치한다. 역(逆)으로 피아노 건반이 피아니스트의 손가락을 터치하는 것이기도 하다. 피아니스트와 피아노의 접촉은 소리를 발생시키고 이 소리는 피아니스트의 귀로 들어간다. 이는 마치 사르트르와 메를로 퐁티가 말한 교차배열 효과, 즉 지각하는 주체와 지각되는 객체의 어순을 뒤바꿀 때 발생하는 효과와 비슷하다. 피아니스트는 육체적 접촉과 정서적 접촉 사이에서 갈팡질팡하며 (건반을) 터치하고 (건반에게) 터치된다. 이제 우리는 피아노에게 '터치되었다'(*touché*)[50]는 표현을 두 가지 의미로 말할 수 있다.

피아노 연주는 지배와 복종을 동시에 요구한다. 피아노를 길들여야 하고 건반을 장악해야 하며 운지법을 완전히 몸에 새겨야 한다. 하지만 진정으로 음악을 즐기려면 피아노를 동작시키는 기계적 원리에 순순히 따라야 하고, 무엇보다 작품에 대해 공부해야 한다. 주이상스를 향한 목마름은 속박과 충동을 조율함으로써 해소된다. 바르트는 피아노 연주에 관한 자신의 생각을 다른 사람들에게 관철시키려 하지는 않았다. 하지만 피아노 건반과 피아니스트 사이의 독특한 관계가 쾌락에 대한 질문을 제기할 때면 자신이 제시한 현상학을 적극 활용했다.

※

사르트르는 멜로디에, 니체는 음색에 민감하게 반응했다. 바르트는 리듬에 천착했고 특히 비트에 관한 문제에 관심을 갖고 있었다. 그가 고전음악에 접근하는 태도는 아마도 현대음악의 리듬을 이해하는 방식에서 기인한 것으로 보인다.

18세기 무렵부터 음악에서는 빠르기를 나타내는 지시

어로 이탈리아어가 쓰였다. 바르트는 이 지시어가 속도의 측면만 부각시킴으로써 리듬이 가진 본래 의미를 퇴색시킨다고 생각했고, 리듬이 가진 본래 의미를 충실히 드러내기 위해서는 지시어를 연극 대본의 지문처럼 읽어야 한다고 주장했다.

바르트는 우리의 신체를 연극 무대 위 주인공으로 세웠다. 신체는 음악성을 타고난 생명체다. 끊임없이 움직이고 진동하면서 악기와 소통한다. 프레스토든 아지타토든 그는 악보에 적힌 지시어를 곧이곧대로 따르지 않았다. 진정한 움직임은 리듬, 더 근본적으로는 비트에 달려있기 때문이다. 슈만은 《다비드 동맹 무곡집》이나 《환상소곡집》에서 화성 진행을 고려하지 않고 짤막한 주제들을 툭툭 던지곤 했는데, 바르트는 이렇게 급작스럽게 제시되는 주제들이 가하는 충격을 높이 평가했다.

바르트는 자신에게 어울리는 스타일, 다시 말해 온몸으로 음악을 느끼며 연주하는 스타일을 고수했다. 음악학적 논의는 뒷전이었고, 강렬한 리듬과 악센트, 당김음과 오프-비트에 마음을 빼앗겼다. 절뚝거리던 오프-비트 리듬은 점차 심장박동에 동기화되고, 연주자의 근육에 리듬을 부여한다. 역사학자 미슐레는 이렇게 말했다.

---

50  toucher의 과거분사형. 프랑스어 투셰(toucher)에는 접촉의 의미 말고도 '건반악기를 치다' '성적 접촉을 하다' '감동시키다' 같은 뜻이 있다. 참고로 여성명사 투슈(touche)는 피아노, 오르간 등의 건반을 뜻한다.

*음악은 몸 안에서 고동치고 맥박을 뛰게 한다.*
*궁극적으로 음악은 박동하는 몸 자체다.*

피아노를 마주한 몸에 관해 쓴 바르트는 피처럼 붉은 리듬이 지닌 힘을 재발견했다. 리듬은 건반을 누르는 손과 흘러가버린 시간을 화해시킨다.

핏빛 도취감과 관능적 터치는 피아노를 에로티시즘의 영역으로 끌어들인다. 피아니스트에게서 에로틱한 몸동작을 이끌어낸다. 찌르고 들이받는다. 부풀어 오르고 풀어 헤친다. 흠뻑 적시고 빼낸다. 때리고 두드린다. 춤추다가 다시 으르렁대며 때린다. 바르트는 왼손 움직임을 이렇게 묘사했다. 주이상스를 추구하는 왼손은 건반을 두드려서 날것 그대로의 리듬을 살리고, 부드러움을 담당하는 오른손은 왼손 옆에 바짝 붙어 선형적으로 움직인다. 이러한 슈만적인 구분은 육체와 육체에서 파생된 에로티시즘의 기상천외한 재현을 보여준다. 바르트는 테크닉을 연습하려고 피아노 앞에 앉았던 것이 아니다. 피아노 건반과 손가락의 반복되는 '상호 접촉'을 느끼며 황홀경을 맛보고자 했던 것이다.

*요구되는 것은 몸 안, 즉 관자놀이에서, 성기에서,*
*복부에서, 살갗 밑에서 고동치는 그 무엇이다.*

피아노에 대한 에로틱한 묘사와 낭만주의적 묘사는 다르다. 낭만주의 음악은 피아노를 기쁨이나 슬픔 같은 영혼의 상태를 표현하는 수단으로 보는 데 반해, 건반을 터치하는 것은 신체 활동이기 때문이다. 바르트는 악센트를 진정한 음악의 본성으로 보았다. 악센트는 심장박동이다. 쿵쾅거리는 심장박동은 생명력 자체이며, 감정을 뜻하거나 표현하지 않는다. 두들기고, 두들겨 맞고, 부풀어 오르고, 수그러들고…….  본질적으로 피아니스트의 몸은 피아노 앞에서 성적인 뉘앙스를 풍긴다.

피아노 연주는 흡사 자위 행위를 연상시키기도 한다. 수동적이었던 성적 욕망은 능동적으로 변하기도 하며, 리듬에 맞춰 점점 고조된다. 바르트는 피아노 연주의 에로티시즘에 대해 이야기할 때 움직임을 나타내는 말에 특히 주목했다.

'일어서서 왕복운동을 하고' '잠시 풀이 죽었다가 단단한 육체를 되찾고' '웅크렸다가 폭발한다' 같은 단어를 사용해서 〈크라이슬레리아나〉의 세 번째 곡을 묘사했다. 〈크라이슬레리아나〉의 일곱 번째 곡에는 '매우 빠르게'(sehr rasch)라는 지시어가 붙어 있다. 바르트는 '빠르게'라는 뜻을 지닌 독일어 '라쉬'(rasch)를 같은 뜻의 이탈리아어 '프레스토'(Presto)와 구분했고, 라쉬가 지시하는 바를 한층 더 깊이 이해하고자 했다.

그가 라쉬에서 발견하려던 것은 피아니스트와 관객 모두를 주이상스로 몰고 갈 성적 욕망의 힘이었다. 주이상스는 피아니스트와 관객의 팔다리를 빼앗고 바람과 채찍질에 의존해 어느 특정한, 그러나 알려지지 않은 장소로 끌고가듯 일어난다. 근육과 내장으로 파고든 음악은 우리 숨을 가쁘게 한다. 안달이 나게 하고 불안감을 조성하면서 오르가슴으로 이끈다. 이처럼 바르트는 혼자서 하는 다양한 양태의 섹슈얼리티를 음악 애호와 연관시켰다. 그러나 이 에로티시즘은 어떤 낱말과도 일대일로 대응하지 않는다. 피아노를 칠 때면 "무언가 꼿꼿하게 선다"고 했던 바르트의 말처럼 부정대명사를 써서 불명확하게 설명할 수밖에 없다. 연주자와 작품은 자극을 주고받으며 긴밀한 관계를 이어나가고, 음악 작품은 연주자에게 주이상스를 선물하지만 피아노 연주가 욕망의 대상을 직접 보여주지는 않는다. 그러므로 피아노 연주의 현상학은 불완전한 현상학이고, 피아노 연주에 관한 바르트의 해설은 모두 이미지 없는 욕망의 환유인 것이다.

피아노의 에로티시즘은 피아니스트의 육체에 목소리를 부여한다. 하지만 환희에 가득차 연주하는 피아니스트는 자기 안에서 어떤 일이 벌어지고 있는지 한마디도 말하지 못한다. 언어가 스스로의 무능함을 드러내는 순간이다. 사실 바르트는 처음부터 알고 있었다. 음악은 말로 표현되지 않음을, 그렇기 때문에 음악 연주는 자아와 신체 모두에 깊이 결부된다는 것을…….

여기서 음악은 마치 우리 지성의 한계를 초과하는 것처럼 들리기도 한다. 하지만 바르트는 음악이 신비의 영역을 침범하게 놔두지 않았다. 그는 음악을 둘러싼 신비주의적 요소를 문학적으로 해체하는 시도를 했다. 낭만주의 시인이나 예술가에 관한 전설 같은 이야기에 으레 따라붙는 '심오한 척하는 허세'와 달리, 바르트에게는 피아노를 향한 사랑과 욕망을 말할 수 있는 당당함과 경쾌함이 있었다. 콜레주 드 프랑스에서의 첫 강의 때 그는 음악에 관해 쓰게 만드는 동기가 무엇인지 밝혔다. 그는 학술적인 담론으로부터 벗어나기 위해 음악에 관한 글을 쓴다고 답했다. 하지만 바르트는 언제나 높은 학식과 좋은 취향이라는 두 마리 토끼를 모두 잡고 싶어 했고, 심지어 어떻게 하면 모두 취할 수 있는지 잘 알고 있었다.

> *나는 여전히 슈만을 즐겨 듣습니다. 하지만 사실은 아무 음도 듣지 않아요. 주제나 문법, 의미에도 귀 기울이지 않습니다. 작품에서 읽어낼 만하다고 생각되는 것은 아무것도 듣지 않습니다.*

콜레주 드 프랑스에서의 첫 강의가 있기 2년 전, 바르트가 했던 말이다. 음악가의 신체에 관한 담론은 바르트 자신이 최고 권위자로 있는 기호학의 권위마저 위협한다. 음악을 구조적으로 듣거나 읽지 않겠다는 것은 기호학의 체계를 불신한다는 뜻이고 음악 감상의 본질과 다양한 형태를 보존하려는 의지를 드러내는 것이다. 장켈레비치 역시 자신의 저서 『뭐라 말로 표현할 수 없는 것과 거의 아무것도 아닌 것』(*Le Je-ne-sais-quoi et le Presque-rien*)에서 음악의 현상을 이해하는 데 문법만으로는 부족하다는 사실을 관찰한다.

셀 수 없이 많은 주석과 첨언은 음악의 매력을 퇴색시키지 못한다. 퇴색시킨다 해도 한계가 있다. 복잡하게 뒤얽힌 합성물과 불가해한 미스터리, 이것들의 규정하기 힘든 매력은 심오한 동시에 가볍다.

심오하다고 표현한 것은 결코 소진되지 않는 음악의 풍요를 연주자가 모조리 펼쳐보일 수 없기 때문이며, 가볍다고 표현한 이유는 우리가 음악을 인지하는 방식의 경이로움 때문이다.

음악 기호학에는 별다른 흥미가 없었으므로 바르트는 음악을 구조적으로 해독하려 들지 않았다. 음악은 말로 표현되지 않는 미스테리한 현상이라는 혐의 역시 부정했다. 바르트는 주로 자신의 몸 안에서 벌어지는 음향학적 현상을 어떻게 기술할 수 있는지에 관한 문제에 관심을 쏟았다. 그 일환으로 '파를란도'(*parlando*)에서 음악을 기호체계로부터 해방시키는 탈출구를 찾아냈다. 파를란도는 '말하듯 노래하라'는 뜻의 나타냄말로, 노래뿐만 아니라 고유의 목소리(*parole*)를 지닌 모든 악기에 적용할 수 있다. 소리 내어 말하는 언어 행위는 기호만으로는 설명되지 않는다. 기호보다 큰 개념인 보디랭귀지가 필요하다. 마치 벙어리가 발화하지 못한 말(*parole*)을 얼굴 근육을 움직여 표현하듯, 피아노는 아무 말도 하지 않고 말한다. 음악은 기호를 생성하지 않는다. 신체를 통해 말해질 뿐이다. 신체는 음악과 결합하고 파란을 일으킨다. 신체는 음악을 은유적으로만 접근 가능한 불안정한 다채로움 안에 살게 한다. 음악은 '계속되는 빅뱅'이다. 음악은 해독 불가하지만 최고로 조화로운 카오스다. 기호학은 뒤로 물러서서 음악에게 길을 내줘야 한다.

※

바르트는 오직 음악만이 기호와 담론의 세계에서 자신을 자유롭게 해주기 때문에 음악을 사랑한다고 말한다. 기호학에 관해서라면 누구보다도 정교하고 날카롭게 분석했던 기호학자의 발언치고는 꽤나 파격이다. 건반 위의 바르트는 음악의 구조에 끌리는 대신 언어가 사라진 격정 속으로 들어갔다. 그리고 그 안에서 소리-공간의 법칙이 아닌 상상을 통한 육체의 일탈을 추구했다. 그는 자신의 열정을 연극적으로 과장할 필요가 없었다. 바르트의 열정은 감정과 상상을 함께 나누는 평범한 일상 속에서 피어오른다. 언어의 폐위, 기관 없는 신체에 관한 앙토냉 아르토[51] 스타일의 거창한 선언도 불필요했다.

『사랑의 단상』 미출간 원고에는 바르트가 어쩔 수 없이 참여한 어느 지루했던 모임에 관한 장면이 나온다. 사람들과 피상적인 대화를 나누며 어울리다가 피로가 몰려들던 때, 마침 라디오에서는 베토벤의 현악 삼중주가 나오고 있었다. 그 음악은 바르트가 사람들과의 수다에 오염되지 않고 온전한

---

51 Antonin Artaud(1896~1948) ☛ 프랑스의 극작가·시인·배우·연출가. 아방가르드 연극에 큰 영향을 끼쳤다. 제1차 세계대전과 제2차 세계대전 사이의 전위극, 특히 초현실주의 연극의 대표적 연출가로 평가받는다.

자신을 유지할 수 있게 해주었다. 이 장면은 바르트가 음악과 어떤 관계를 맺고 있는지 상징적으로 보여주는 사건이다.

> *음악은 언제나 말이 없다. 강의에 대한 부담을 대신 떠안지도 않고 내 불편사항을 다른 것으로 대체하려고도 않는다(만약 그랬다면 최악의 결과를 초래했을 것이다).*
> *음악은 일시적으로 정지시킨다.*
> *음악은 에포케(épochè)이며 모든 의미 체계의 절대 영도 같은 것이다. 모든 체계는 오늘날 내게 허락된 유일한 자유인 미칠 자유(mainomai: 나는 길을 잃었다, 나는 사랑에 빠졌다)를 억압한다.*

사랑에 미치든 술에 취하든, 열광하든 도피하든, 음악은 우리 안의 언어를 비워내고 내면을 자유롭게 해준다. 환시나 환청 같은 정신 착란의 세계를 경험하게 한다는 뜻이 아니다. 음악은 나 자신이 개척한 삶의 항로를 유지하게 한다. 서사의 속도를 바꾸고, 문법이 지닌 구속력을 느슨하게 풀어준다. 사르트르가 동시대성에 매몰되지 않을 수 있었던 것은 피아노 연주 덕분이었다. 피아노를 연주하는 시간은 바깥 세상이 돌아가는 시간과 엇박자를 내며 미묘하게 어긋났다.

한편 바르트의 피아노 연주는 사르트르와 다른 양상을 띠었다. 철학적 비전의 근원을 피아노 연주에 두었던 니체와도 달랐다. 바르트에게 피아노 연주는 일종의 속도로 나타난다. 속도는 주체가 지닌 고유한 리듬이고 빠르기이며 움직임이다. '고유리듬'(idiorhythmie)에 대해서는 바르트가 강의를 준비하며 메모한 내용을 엮은 책 『어떻게 더불어 살 것인가』에 설명되어 있는데, 아마도 베긴회 수도원에서 생활하는 수도승들의 생활 양식에서 단서를 얻은 것으로 보인다. 베긴회 수도원의 수도승들은 하나의 공동체를 이루어 단체 생활을 하면서도 사생활이 보장된 자유로운 삶을 산다. 음악의 언어로 바꿔 말하면, 누군가에 의해 정해진 카덴차[52]를 따르지 않고 감정이 이끄는 대로 치는 자유로운 연주 같은 삶이라고 할 수 있다. 바르트는 모든 개인이 고유리듬을 실천하면서 자신만의 삶을 사는 세계를 꿈꿨다. 고유한 리듬을 발견하고 실천하는 방식은 저마다 다를 것이다. 바르트의 경우에는 단연 피아노였다.

일상은 타자에 의해 강요된 속도로 흐른다. 그 속도는 엄마 손을 놓치지 않으려는 아이의 종종걸음일 수도 있고, 개인의 신체를 통제하는 집단적 권력의 생체 리듬일 수도 있다. 강요 당한 리듬을 그대로 좇지 말 것. 메트로놈에 얽매이지 말 것. 내 신체가 원하는 바를 악보의 흐름과 연결할 것. 아마추어리즘이 지닌 진정한 가치를 드러내고자 했던 바르트의 노력도 이와 같은 맥락 안에 있다. 그는 동시대를 이해하

---

52  Cadenza ☛ 협주곡에서 솔로 연주자가 마음껏 기교를 뽐낼 수 있도록 오케스트라 반주 없이 혼자 연주하는 부분. 카덴차 부분에서는 지휘자도 지휘를 멈추고 오케스트라, 청중과 함께 감상자가 된다. 바로크 시대에는 솔로 연주자가 1악장의 주제를 다양한 방식으로 변주하면서 즉흥연주하는 것이 관례였으나, 베토벤 이후로는 작곡가가 카덴차를 직접 작곡해서 악보로 남겼다.

기 위해 현대성과 아방가르드가 어떻게 변하는지 지켜보는 한편, 맹목적으로 시류에 휩쓸리는 것을 경계해 그것들과 거리를 두었다.

바르트가 왜 그토록 슈만을 사랑하고 꾸준히 연주했는지 그 이유가 비로소 밝혀진다. 그것은 어수선한 시대의 한복판에서 빠져나와 주변으로 향하려는 의지가 반영된 것이다. 음악은 그의 한 발짝 옆에 비켜서 있었다.

—2007년 가을, 워싱턴 스퀘어 빌리지에서

# *Epilogue*

V

울림

사르트르와 니체 그리고 바르트. 이 철학자들이 피아노 앞에서 보낸 시간들은 무엇이었을까? 이들의 일상을 들여다보면 피아노를 연주하는 시간이 각자의 삶에서 얼마나 많은 감정을 불러일으켰고, 어떻게 사회 활동과 지적인 생산으로 연결됐는지 발견하게 된다. 건반 위의 철학자들은 독자들이 피아노를 환유적 언어로 읽을 수 있는 눈을 갖게 해주었다.

    피아노 연주는 내밀한 고독의 순간에 이루어졌지만 그 영향은 나머지 일과 시간에까지 미쳤다. 따로 미학 이론을 세우진 않았지만 세 사람 모두 피아노를 통해 음악 안에서 사색하고 사랑하고 꿈꾸었노라 고백했다. 어쩌면 피아노가 이들의 신체를 송두리째 음악에 내맡긴 것이었는지도 모른다. 이들이 악보에 메모했을 손가락 번호에 우리의 손가락을 갖다 댄다고 상상해보자. 사르트르와 니체, 바르트의 신체와 실존뿐 아니라 이들의 일상에 더 가까이 다가갈 수 있을 것이다. 그리고 그 끝에서 우리는 음악이 지닌 몸을 느끼게 될 것이다. 이들은 삶 전체를 통틀어 피아노 연주와 무언의 관계를 지속했다. 이들의 음악적 경험은 피아노 연주에 관해 우리에게 어떤 영감을 주는가?

당신이 프로페셔널한 피아니스트라면 이런 이야기가 다소 천진난만하게 들릴 것이다. 음악에 관한 전문가의 견해는 들어보지도 않고 자신이 대단한 것을 발견했다고 여기는 철학자 특유의 순진무구함을 꼬집을 것이다. 서구 지성계에 이들 셋보다 음악적으로 더 프로페셔널에 가까운 철학자들이 없었던 것은 아니다. 대표적으로 아도르노와 장켈레비치가 있었다. 아도르노와 장켈레비치는 지적 소양과 피아노 연주의 기교적인 측면 모두 높은 경지에 도달했던 철학자였다. 말러나 베르크, 포레, 라벨에 관한 글은 음악학자들과 어깨를 견줄 정도였다.

하지만 내가 눈여겨본 것은 세 철학자의 아마추어리즘이다. 니체와 사르트르, 바르트는 꽤 괜찮은 피아니스트였지만 이들의 연주는 다른 기준으로 평가돼야 한다. 이들은 음악을 단순히 예술의 한 분야로 경험하지 않았고 다른 차원의 어떤 것으로 경험했다. 이론적으로 접근해서 음악을 이해하려는 전통 방식으로는 이들이 경험했던 음악의 실체를 파악하기 어려울 것이다. 이 세 철학자는 음악의 진실을 저마다 개성이 묻어나는 피아노 연주로 표현했다. 그것은 피아노에 입문하려는 사람이 모범으로 삼을 만한 연주는 결코 될 수 없다. 이들의 피아노 연주가 갖는 진정한 가치는 아마추어 피아니스트이기 때문에 도달할 수 있는 다채로운 음악 세계에 있다.

바르트는 원래 아마추어 연주에 대한 소논문을 쓰려고 했었다. 하지만 슈만을 얼마나 사랑하는지에 대해 이야기하면서 그것은 자연스럽게 드러났다. 아마추어리즘에 대한 바르트의 윤리학은 물질로서의 소리가 지닌 음의 지속 시간이라든지 음의 세기 따위의 학술적 담론을 거부한다. 거기에는 다른 차원의 가치와 정도의 차이가 관여한다. 사르트르와 니체, 바르트는 위대한 철학자였지만 그렇다고 이들이 제시한 피아노의 진실이 더 설득력 있었던 것은 아니다. 반대로 이들이 자신과 피아노 연주의 관계를 이론화하는 것에 실패했다는 점이 오히려 주목할 부분이다. 하지만 분명한 사실은 이들의 실패 덕분에 피아노가 환유적으로 지시할 수 있는 대상의 스펙트럼, 이를테면 철학이나 심리, 상상력과 감수성 같은 것들을 더 잘 이해하게 되었다는 점이다.

음악에 담긴 속뜻을 이해하는 일은 나탈리 사로트가 일상의 수다로부터 존재의 본질을 드러내는 데 사용했던 심층 담화와 유사하다. 말투, 억양 그리고 반복. 모든 것은 말하지 않고도 말해진다. 기호와 소리의 세계는 겨우 인지할 수 있을 정도로 미세한 자극과 언어화되지 않은 의도로 구성되어 있고, 우리는 그 위에 화음과 불협화음, 왜곡된 해석과 욕망을 그린다. 그렇기 때문에 우리는 굳이 피아노를 철학적 연구 주제로 삼지 않고도 피아노 소리를 들을 수 있는 것이다. 피아노 소리를 들으면 특정 색상이 머릿속에 시각적으로 떠오른다는 표현은 비유적인 표현이 아니다. 실제로 18세기에 카스텔이라는 신부는 소리와 색채 사이의 관계에 착안해 '클라

브생 오퀼레르'라는 오르간을 고안하기도 했다. 아마추어 피아니스트에게 피아노 소리를 표현해보라고 하면 음악 이론에 들어맞는 적확한 어휘는 쓰지 못할지라도 자신만의 어휘로 풍부하게 그려낼 것이다. 여러 겹으로 중첩된 의미, 응축된 감정과 심리적 형상들이 이들이 구사하는 언어에 들어 있다. 이것은 이성적 언어만으로 불가능한 표현이다.

한 아마추어 피아니스트는 내게 자신이 줄타기 곡예사처럼 느껴진다며, 자기 무게를 지탱하는 줄만큼이나 자신이 팽팽하게 긴장되는 것 같다고 말했다. 또 다른 이는 어느 곡에서 느낀 소리의 강렬함을 떠올리며, 그 느낌을 다시 소환하기 위해 본인만의 패러다임을 만들었다고 했다. 그것은 멜랑콜리가 아닌 노스탤지어였고 도취되지 않은 쾌락이었다. 몸을 숨기지만 자폐적이지는 않으며, 감정을 배제한 채 구조적 아름다움을 느끼며 치는 것이었다. 피아노는 오케스트라적 힘으로 감정과 리듬, 상상력을 동원하고 결합한다. 언어는 피아노 연주를 보조하는 역할만 할 뿐이다. 피아노 연주를 표현하는 언어가 다양하고 독특하며 비유적이라고 해서, 그 본질에 다가서는 것을 가로막지는 않는다. 동반한다는 것은 대상과 한패가 된다는 뜻이기 때문이다.

피아니스트들만 모이는 비공식 커뮤니티가 있다. 이 커뮤니티는 구성원 자신도 모르게 암암리에 조직되며, 오케스트라 단원을 구성하듯 정연하게 조직되지 않는다. 또한 테니스나 카드 놀이를 즐기는 다른 커뮤니티처럼 클럽에 모여 어울리지도 않는다. 일반적으로 우리는 자투리 시간을 이용해 취미 활동을 즐기고, 다시 일상으로 복귀하면 취미 활동은 잊은 채 일에 집중한다. 하지만 피아노 연주는 다르다. 피아노를 치기로 정해놓은 시간은 삶 속으로 더 오래, 더 깊숙이 파고든다. 나의 실존에 지속적으로 스며들어서 걸음걸이를 바꾸고 사물을 바라보는 방식을 변화시킨다.

*TV* 드라마 〈인베이더〉에서는 외계인과 인간을 새끼 손가락을 구부릴 수 있는지 없는지로 가려냈지만, 피아노를 치는 사람과 그렇지 않은 사람을 신체적 특징만으로 구별하기는 어렵다. 피아노를 칠 때 신체의 모든 부분이 쓰임에도 말이다. 피아니스트의 신체는 감각을 수용하기 위해 필요한 단순 도구가 아니다. 이들은 귀로만 음악을 듣지 않고 다른 신체 기관을 함께 써서 음악을 듣는다는 사실을 이해하고 공유했다. 터치, 피아노와의 거리, 몸의 움직임과 손의 포지션 이동. 이들 사이에는 공통분모가 없지만 실질적으로 피아노 연주에 참고할 만한 다양한 스타일을 만들어낸다. 이를 이론적으로 규정하려 드는 순간 유동적이고 변화무쌍한 화합물인 음악은 언어의 굴레에 갇히고 말 것이다.

이 모두를 설명하는 데 '알뤼르'(*allure*)라는 단어가 적절해 보인다. 알뤼르는 명사로 '걷는 방식'(보폭의 크기와 속도) '상대와 손을 잡는 법'(몸가짐) '사회적 행동 양식'(스타일)이라는 뜻이다. 그뿐만 아니라 '리듬을 창조하고 자기만의 속도를 규정할 줄 아는 능력'까지도 의미한다. 물론 우리에게 거리를 활보하는 많은 사람 중 누가 피아니스트인지 아닌지 알아볼 수 있는 '피아니스트의 알뤼르' 같은 것은 없다. 하지만

## Epilogue

피아니스트들은 서로를 알아볼 것이다. 이들은 알뤼르를 더 높은 수준에서 다양하게 결합하려는 성향이 있기 때문이다.

내게는 음악 때문에 친해진 친구가 있다. 평생 그림을 연구한 미술사학자인데, 자신의 삶에서 가장 중요한 것이 피아노라고 말하는 친구다. 우리는 비슷한 삶의 방식으로 살아간다. 집단적인 리듬에 순응하고 대세를 따르는 삶보다는 다소 삐딱한 자세로 중심부에서 한 발짝 물러나 있는 삶을 추구한다. 피아노는 우리가 삶을 사는 데 있어 거리 두기를 권장한다.

낭만주의 시대에 피아노는 악기로서 최고의 영광을 누렸다. 하지만 우리 시대에 피아노는 일상적인 음악 경험에서 다소 멀어졌다. 피아노를 치는 시간. 이 시간은 우리가 일반적으로 경험하는 시간인 크로노스(*Kronos*)와 다르게 흘러간다. 물리법칙에 종속되어 일정한 속도로 흐르는 일상의 시간에서 이탈하여 생경한 시간성을 체험하게 된다. 이 안에서는 음악 안에 살아 있던 감정들이 자유롭게 펼쳐진다. 사르트르와 니체, 그리고 바르트는 이러한 독특한 시간성의 세계를 직관적으로 알고 있었다. 이 비밀스러운 세계로 들어가려면 열쇠가 필요했고 그것은 다름 아닌 피아노 연주였다. 이들은 자신이 원할 때 언제든지 피아노 앞으로 가서 앉아 형이상학적 시간의 세계로 들어갔다.

✳

이 세 명의 철학자들이 왜 그토록 오랫동안 나의 관심을 끌었는지 당시에는 알지 못했다. 『차라투스트라는 이렇게 말했다』『구토』『밝은 방』은 음색과 리듬과 터치에 관한 질문이었을까?

우정, 친밀감, 공동모색……. 피아노와 관계를 맺으면서 생기는 감정들은 연애할 때 느끼는 감정과 여러모로 비슷하다. 피아노는 종종 페티시의 대상이 되곤 하지만 정서적 교감의 대상이 되기도 한다. 몰락하지 않기 위해 피아노에 집착할 수밖에 없었던 니체의 경우, 피아노가 삶에서 차지하는 부분은 매우 컸다. 지중해를 방랑하던 때에도, 심지어 새해 전날 밤에도 피아노를 치며 창작을 향한 열정을 불태웠다. 우정과 사랑을 모두 잃은 니체에게 피아노야말로 진정한 삶의 동반자가 아니었을까? 바그너와 살로메는 그를 저버렸고, 니체는 건반 위에서 모든 에너지를 쏟아부어 삶을 변화시키고자 했다. 하지만 피아노를 가지고 다니면서 여행할 수는 없는 노릇이었다. 피아노는 태생적으로 한곳에 정착하길 좋아하는 친구이고, 니체가 여행 중에 만난 다른 악기들은 이 친구를 대신하지 못했다. 자신이 치던 피아노와 다시 만났을 때 니체는 치유됐다.

사람이 악기와 나누는 친밀감은 연인의 그것과 닮았다. 피아니스트는 자기 피아노가 어떻게 쳤을 때 아름다운 소리를 내는지, 약점을 감추려면 어떻게 해야 하는지 누구보다 잘 안다. 자신의 피아노만 낼 수 있는 저음의 비밀과 해머의 부드러운 정도에 대해서도 속속들이 알고 있다. 어떤 건반은 타건된 뒤에도 다시 튕겨 올라오지 않고 눌린 채로 있어서 실수를 유발하곤 하는데, 피아니스트는 말썽을 부리는 건반이 어디에 있는지 위치까지도 정확히 파악하고 있다. 기쁠 때나 슬플 때나 피아니스트는 평생을 함께한 친구의 누렇게 바랜 상아색 건반을 애정 어린 눈으로 바라본다. 피아노를 향한 사랑은 이처럼 소리의 색채와 나무의 온기에 빚지고 있다.

※

　사르트르는 어린 시절 어머니의 피아노 연주에 맞춰 춤추는 것을 좋아했다. 요염한 자태로 피아노 주위를 돌면서 사르트르 모자와 피아노는 같은 시간을 향유했고, 셋 사이에는 감미로운 우정이 맴돌았다. 이는 남자들 사이에서 쓰이는 우정의 의미를 새롭게 발견하는 시간인 동시에 언어라는 권력, 아버지라는 율법에서 벗어나고자 하는 심리적 기제를 만드는 과정이었다.

　사르트르는 여러 여성과 사랑을 나눴다. 그는 사랑하는 여성들을 통해 어머니와의 관계를 떠올렸을 것이다. 그가 처음 사랑이라는 감정을 느낀 순간은 어머니와 같이 했던 음악 시간이기 때문이다. 그러므로 그가 여성을 사랑했던 방식은 남근적 욕망에 굴복한 사랑과는 거리가 멀다. 그보다는 여자 형제에게 사랑을 표현하듯 연인을 대하지 않았을까. 바르트는 애인을 가리켜 "성적 욕망이 허락된, 그리고 그것을 채워주는 누이"라고 표현한 적이 있다. 라신적인 사랑의 유형을 묘사하기 위해 '자매 에로스'(*Éros sororal*)라는 용어를 사용했는데, 이 용어는 사르트르가 건반 위에서 어머니, 그리고 수양딸과 나눴던 사랑에 적용된다.

우리는 근친상간 모티프가 사르트르의 상상에서 자주 되풀이돼왔다는 사실을 안다. 연탄곡을 치는 동안 어머니는 누나가 되고 딸은 여동생이 된다. 건반 위에 포개진 네 개의 손은 사랑에 빠진 두 사람의 손이다. 두 사람은 피아노 의자에 나란히 앉아 하나의 악보를 보며 음표를 연주한다. 악보가 한 페이지 한 페이지 넘어가면서 음악은 완성되고 둘의 관계는 정의된다. 연탄 연주는 일종의 공동모색이다. 테크닉과 노하우가 필요한 것은 물론, 두 사람은 감정적으로 연결돼야 하고 각자가 지닌 내면은 균형을 이루어야 한다. 그리고 무엇보다 서로의 소리에 귀 기울여야 한다. 연탄곡을 치는 두 사람 앞에 놓인 악보는 오선지에 음표가 그려진 평범한 악보다. 하지만 마음 속으로는 상상의 타브 악보[53]를 읽어야 한다. 연탄 연주를 위한 타브 악보에는 우월감, 교감, 일체감, 권위의식과 라이벌 의식, 리듬과 속도에 관한 사디스트적이고 마조히스트적인 행위가 기술되어 있다. 사르트르에게 건반 위는 연애 장소였다. 음악은 언제나 그의 삶을 따라다녔고, 사르트르와 그의 연인 사이에 끼어들었다. 그리고 거기에는 피아노가 있었다.

바르트는 자신만의 연주 스타일과 피아노에 대한 확고한 취향이 있는 철학자였다. 이 사실은 그가 피아노의 에로티시즘에 더욱 세련되게 접근할 수 있게 해주었다. "어떤 작곡가를

---

[53] Tablature ☛ 14세기부터 사용된 기보법의 하나로 오선보와 달리 악기의 특성에 맞는 기호와 문자를 이용해 표 형식으로 나타낸 기보 체계다.

좋아한다고 선언하는 것은 곧 자신을 드러내는 행위"라고 했던 니체의 말을 바르트 역시 이해하고 있었다. 특정 작곡가를 좋아하기로 선택하는 것은 취향의 문제를 넘어 한 개인이 추구하는 삶의 방식과 세계를 인지하는 감각, 심리적 기질 모두와 밀접하게 연관돼 있음을 알았기 때문이다. 자신이 택한 작곡가에게 느끼는 상상의 친밀감은 나 자신과 그 작곡가가 어디까지 공존 가능한지 한계선을 규정한다. 슈만과 쇼팽, 바그너, 비제, 라벨 그리고 쇤베르크, 디지 길레스피. 팝 음악을 사랑하는 것은 사랑 고백이며 혐오하는 것은 전쟁을 선포하는 일이다. 이 이름들은 나의 신체가 세계와 타인에, 시간과 공간에 관계하는 실존적 방식이다. 그러므로 이들에 대한 사랑과 혐오는 내 실존에 대한 가장 확실한 진술이다.

음악적 관계란 근본적으로 이름 없는 존재들로 엮여있다. 무명의 존재들은 소리와 리듬, 색채로 구성된 불안정한 화합물이고 감정과 감각, 이미지의 변형된 형태다. 부딪침이고 속도이며 반복이고 울림이다. 바르트는 이를 간파했고, 형태조차 갖추지 않은 이 무명의 존재들에 목소리를 부여했다. 그러므로 피아노 연주는 존재 내부의 현을 바짝 조이고 현을 때려 진동하게 함으로써 욕망하는 주체가 되고 욕망의 대상이 되는 것이다.

사르트르와 니체, 바르트는 철학사에서 천대받아온 육체의 위상을 격상시킨 건반 위의 철학자들이다. 하지만 단계적인 이론화를 거치며 아직 이름을 갖지 못한 신체─생명력, 형체를 갖춘 의식, 훈육되지 않은 생물체─를 대상화하고 말았다. 타인의 내밀하고 사적인 신체는 흐릿해졌다. 하지만 음악이 지닌 신체성을 억압당한 진실로 단정짓는 것은 매우 안일한 처사다. 음악의 신체성은 파도처럼 밀려와 이들의 철학을 뒤덮는다. 음악은 육체를 비밀리에 지배하기보다는 본격적으로 육체를 동반한다.

✳

음악은 평범한 일상을 특별한 시간으로 채워준다. 유년 시절, 음악 안에서 살기로 다짐했던 사르트르는 한 개인이 우연과 허무를 극복하려는 실존적 유혹을 느껴보지 않고는 상상계에 도달하기 어렵다고 말했다. 음악은 우리의 무기력하고 땀에 절어 무거워진 몸을 드높여 완벽한 아름다움으로 도약하게 하는 생명력이다. 그렇게 들어 올려진 몸은 정확히 같은 높이에서 강렬한 음향적 구조물과 하나가 되는데, 이는 음향적 구조물이 그 자신 말고는 다른 것이 될 수 없기 때문이다. 피아노를 연주하는 몸은 사르트르의 영광스러운 육체다. 부족하거나 넘치지 않으며 비슷한 다른 무엇도 아닌 욕망하는 육체 자신이다.

즉자적이면서 대자적인 자기 완결성. 이 매혹적인 음악의 특성은 환상이다. 하지만 사르트르는 일상으로 돌아와 피아노 앞에 앉아서 모든 감각을 동원해 이 환상을 지속시켰다. 이 환상을 그의 샘솟는 아이디어에 제동을 건 검열관이라고 말할 수 있는 사람이 누가 있겠는가.

피아노를 연주하는 사람에게 피아노는 독특한 존재감으로 자리매김한다. 사적인 공간의 한쪽 구석을 차지하는 사물 정도로 취급하거나 어쩔 수 없는 운명으로 받아들이고 말기에 피아노는 무척 특별하다. 피아노는 사회와 언어, 강요와 반역에 저항하는 반대급부로서 엇박자와 상상계 그리고 여성성을 불러낸다.

사르트르와는 다른 리듬과 속도를 따랐지만 바르트도 피아노 앞에서 내적인 변화를 경험했다. 바르트에게 피아노 연주는 슬픔을 치유하고 멜랑콜리를 견디게 해주는 삶의 한 방식이었다. 때로는 기호학의 세계와 동시대의 현실로부터 탈출할 수 있게 해주는 통로도 돼주었다. 바르트는 음악을 사랑과 결부시켰고, 특히 사랑의 고통을 기쁨으로 바꿔놓는 음악의 효과에 주목했다. 베르테르를 예로 들어서 위로의 음악, 자장가로서의 음악을 제안하며 낭만주의 음악의 외연을 넓혔다. 음악은 치유이고 모성이다. 잉태하는 여체이고 그 태아로서 음악가의 상상에 리듬을 보탠다. 그러므로 음악 연주는 지금 발 딛고 서 있는 곳에서 한발 뒤로 물러나는 일이며 보호구역으로 들어가는 일이다. 음악은 형이상학의 세계에 있지 않다. 음악은 우리의 평범한 삶 속에서 시대 전체를 감도는 분위기와 리듬의 영향을 고스란히 받으며 존재한다.

언어와 문법에 고무돼 있는 철학자에게 음악 연주는 그들이 익숙하게 다루는 기호나 철학의 개념과 다른 체계를 지니고 있다. 니체는 피아노를 통해 세계 안에 존재하는 모든 무겁고 심오한 것을 전복시키고자 했다. 건반 위는 그의 집필실이고 전쟁터였다. 열정을 충전하고 절망에 맞서 싸우는 한편, 자기 구원을 이뤄낸 장소였다. 슈만의 자리에 바그너를 대신 앉히고, 코지마의 마음을 얻고, 살로메에게 청혼하고, 지중해 사람이 되고……. 니체는 이 모든 일을 건반 위에서 해냈다. 그에게 피아노는 삶을 위한 찬가다.

음악 안에서 살겠다는 세 철학자의 선언은 단순히 수사적인 표현으로 그치지 않는다. 이는 실존의 방식을 악보 위에 음표로 옮기는 것이다. 이 실존적 선택은 사르트르, 니체, 바르트의 신체 모든 부위와 연관돼 있음은 물론 창작력과 감각, 철학적·정치적 입장과도 맞닿아 있다. 세 철학자는 언제나 현실 세계와 접점을 공유했다. 그러면서도 각자의 기질에 따라 고유한 리듬을 타며 삶을 이어갔다. 피아노 연주는 이들이 피아노를 치지 않을 때도 따라다녔는데, 그것은 자아와 분리될 수 없는 기질이었기 때문이다.

한편, 피아노는 이들이 독사(*doxa*), 심오한 영혼, 군중심리라고 불렀던 것을 멀리하도록 도왔다. 그 덕분에 세 철학자는 세계를 남들과 다르게 사유할 수 있었다. 이들은 자기 시대의 소리를 귀 기울여 들었다. 그리고 어떻게 하면 기성의 가치관과 개념, 지식을 뒤흔들 수 있는지 끊임없이 고민하고 연구했다. 이들은 피아노를 통해 전례가 없는 독특한 리듬을 세계에 부여하고자 했다. 이렇게 사르트르와 니체, 바르트의 터치는 그늘지지 않은 여행, 자유의 길, 정처 없이 거니는 기쁨이 되었다.

**프랑수아 누델만**  파리 제8대학교의 철학 교수이자 아마추어 피아니스트. 뉴욕 대학교와 존스 홉킨스 대학교에서도 학생들을 가르치고 있다. 2002년부터 2013년까지 문학, 철학, 음악과 미술 등 전방위 예술을 주제로 한 라디오 방송의 프로듀서 겸 진행자로 활동했다. 저서로 『이미지의 부재』 『사뮈엘 베케트』 『장 폴 사르트르』 등이 있고, 국내에서는 『건반 위의 철학자』 『철학자의 거짓말』이 번역·출간되었다.

**이미연**  서울대학교 불어불문학과를 졸업했다. 각종 영화제와 CJ E&M에서 해외 영화를 국내에 선보이고, 소설과 웹툰 등의 콘텐츠를 기획·개발하는 일을 했다. 이후 뉴욕으로 건너가 전시기획사 DRAFTspace를 만들어 전 세계 신진 아티스트를 뉴욕 예술계에 소개하면서 다양한 콘텐츠를 기획·번역하고 있다. 저서로 『카운터 일기』가 있다.

**건반 위의 철학자** : 사르트르, 니체, 바르트 :

1판 1쇄 펴냄 2018년 11월 30일
1판 5쇄 펴냄 2020년 2월 20일
개정 1판 1쇄 펴냄 2021년 2월 12일
개정 1판 2쇄 펴냄 2024년 2월 12일

**지은이** 프랑수아 누델만
**옮긴이** 이미연
**편집** 최선혜
**디자인** 나종위
**인쇄 및 제책** 세걸음

**펴낸이** 최선혜
**펴낸곳** 시간의흐름
**출판등록** 2017년 3월 15일(제2017-000066호)
**주소** 서울시 마포구 토정로 33
**Email** deltatime.co@gmail.com
**ISBN** 979-11-90999-03-8  03100

이 책의 일부 또는 전부를 재사용하려면 반드시
저작권자와 시간의흐름 양측의 동의를 얻어야 합니다.
파본은 구입처에서 교환해드립니다.